高技术产业组织政策

Industrial Organization Policy in the Hi-tech Industry

刘 波 著

经济科学出版社

图书在版编目（CIP）数据

高技术产业组织政策/刘波著.—北京：经济科学出版社，
2014.6
ISBN 978 - 7 - 5141 - 4738 - 4

Ⅰ.①高… Ⅱ.①刘… Ⅲ.①高技术产业 - 产业组织
政策 - 研究 - 中国 Ⅳ.①F279.244.4

中国版本图书馆 CIP 数据核字（2014）第 127488 号

责任编辑：于海汛
责任校对：刘 昕
版式设计：齐 杰
责任印制：李 鹏

高技术产业组织政策

刘 波 著

经济科学出版社出版、发行 新华书店经销
社址：北京市海淀区阜成路甲 28 号 邮编：100142
总编部电话：010 - 88191217 发行部电话：010 - 88191522
网址：www. esp. com. cn
电子邮件：esp@ esp. com. cn
天猫网店：经济科学出版社旗舰店
网址：http://jjkxcbs. tmall. com
北京汉德鼎印刷有限公司印刷
华玉装订厂装订
710×1000 16 开 11.75 印张 180000 字
2014 年 7 月第 1 版 2014 年 7 月第 1 次印刷
ISBN 978 - 7 - 5141 - 4738 - 4 定价：36.00 元

前　　言

我在清华大学经济管理学院攻读硕士研究生时，有幸参加了国家自然科学基金 1988 年设立的重大项目《我国工业生产率的管理理论与方法研究》的研究工作，对产业组织与生产率进行了研究。至少在国内，首先应用耗散结构论、协同学、突变论等自组织理论实证研究了生产率、集中率各自的演化规律以及两者之间的关系；首先将正交试验法应用于系统动力学。在研究中逐渐形成了自己独特的研究方法，即综合运用经济学、计量经济学、系统科学、系统动力学等方法研究经济问题。后来，我采用这种综合集成方法，对产业组织与生产率进行了不断的探索。

我在美国宾夕法尼亚大学和佛罗里达州立大学做访问学者时，美国经济学家吉姆·科布（Jim Cobbe）教授指导我实地考察和实证研究了美国的产业组织与生产率。当我向科布教授请教新的研究方法时，他却建议我仍使用上述综合集成方法，结果使我受益匪浅。

我在同济大学经济与管理学院攻读博士研究生时，在我自己对产业组织与生产率长期的研究基础上，吸收了国内外最新研究成果，使用我的综合集成方法，系统研究了高技术产业的产业组织与生产率，写成博士论文《基于自组织模型的高技术产业组织政策研究》。

　　经过多年的验证，我的博士论文将在经济科学出版社出版面世，祈请大家赐教，在此一并衷心感谢所有对成书有所帮助的师长、亲友和单位。

刘 波

2014 年 5 月

摘　　要

　　高技术产业是衡量一个国家的综合国力、经济竞争力和科技实力的重要指标。面对日趋激烈的国际经济竞争，如何发展我国高技术产业是一个迫切需要解决的问题。探讨高技术产业发展的文献很多，本书对这部分文献进行统计分析表明，现有文献很少研究产业组织政策，因此本书主要探讨如何运用产业组织政策促进高技术产业发展。

　　所谓产业组织政策，是以产业内部即企业之间资源最优配置为目标的政策，其核心问题是处理规模经济与竞争活力之间的关系问题。在大多数市场经济国家，产业组织政策一般分为反垄断政策和直接规制政策两大类。既然产业组织政策的类型是根据垄断（竞争）程度划分的，制定产业组织政策首先应研究垄断（竞争）和高技术产业发展之间的关系。文献研究结果显示，现有文献没有将垄断（竞争）和高技术产业发展之间的关系论述清楚。因此这一关系成为本书的研究对象。

　　本书检验了以下假设：

　　（1）垄断（竞争）和高技术产业发展之间不是线性关系。

　　（2）当垄断（竞争）和高技术产业发展之间的关联起主导地位的作用时，两者之间便出现协同运动。其中，高技术产业发展是序参量，它的大小反映了产业组织的进化程度。

　　（3）高技术产业系统存在代表产业组织政策杠杆作用点的灵敏参数，由此入手，最有希望改善或解决系统存在的问题。

　　本书以技术的概念为逻辑起点，通过对技术分类，厘清高技术的含义；进而梳理了国内外高技术产业的界定方法、方式，指出高技术产业的界定至今仍然是高技术产业研究的难点之一。论述了高技术的发展特征以及由此带来的高技术产业的特征。通过对许多著名的实证研究的比较分析以及对绩效、盈利能力、生产率之间关系的探讨，选择利润率和生产率指标作为我国高技术产业发展水平的评价指标。

本书对生产率的含义进行了界定，对生产率的测算指标进行了比较，在对多要素生产率的测算方法进行了系统的理论分析的基础上，选择随机前沿分析法估计我国高技术产业多要素生产率，建立了相应的计量模型，对样本数据进行了处理；对我国高技术产业的生产率进行了测算；对我国高技术产业的劳动生产率进行了分析。结果表明，使用随机前沿分析法是必需的；在高技术产业增长中，资本投入最重要；高技术产业规模报酬递增。随后，对我国高技术产业的利润率进行了测算。

本书在对我国高技术产业集中率进行测算以后，基于集中率与利润率之间关系的理论背景，建立了集中率与利润率之间关系的理论模型，对集中率与利润率之间关系进行了实证研究，结果表明，销售利润率、资产利润率、权益利润率和集中率（CR_4、CR_8）之间的联系都很弱。产业集中率与利润率之间并不存在一种简单的线性关系，而可能是一种非线性和非连续的关系。随后指出利润率指标不仅可以评价高技术产业发展，而且可以刻画垄断（竞争）程度。

本书梳理了西方经济学者关于市场结构与技术进步之间关系的论述、关于竞争与生产率的实证研究以及国内学者的相关研究，实证研究了高技术产业集中率与生产率之间的关系、生产率与作为刻画垄断（竞争）程度的利润率之间的关系。结果表明，传统的静态、线性方法不能解决垄断（竞争）和高技术产业发展之间动态的、非线性的关系问题，为此提出了一个新的研究角度，采用系统科学中的自组织理论的方法。

在以上研究的基础上，本书尝试将自组织理论特别是协同学应用于高技术产业组织研究。对组织、自组织用精确的数学语言进行了描述，分析比较了各类系统的熵和结构，探讨了产业组织的演化机理。借鉴系统动力学的建模方法，建立了产业系统自组织模型。重新对高技术的多要素生产率、销售利润率进行了测算，通过估计系统的参数，确定了高技术产业系统的序参量。

本书根据政策科学的原理，进行政策分析。借助正交试验法，通过系统模拟，进行了政策参数的灵敏度测试和不同方案的比较。提出了完善生产率的激励机制、建立垄断的控制机制、加强生产率对市场结构的决定作用的产业组织政策建议。

本书认为，促进产业组织合理化总的政策思路是，以提高生产率为目标，建立有效竞争的市场结构。所谓有效竞争是指使社会总效益最大的竞争，通常意味着竞争与规模经济相协调。产业组织政策要造成一个适宜的环境，使产业组织在生产率增长推动力、市场引导力和利益冲动力的驱使下，不断变动组织形式，以求得自身功能和结构的优化，这一过程就是产业组织的组织创新，而组织创新的实质就是优化生产要素的组织形式，提高生产率。

本书的主要创新点：

1. 采用独特的研究方法，即综合运用产业经济学、计量经济学、系统科学、系统动力学等方法研究高技术产业发展问题。采用随机前沿分析法估计我国高技术产业多要素生产率。将正交试验法应用于系统动力学。

2. 通过将垄断（竞争）和高技术产业发展置于一个系统中进行系统分析，表明：不是垄断（竞争）决定高技术产业的发展，而是高技术产业发展的衡量指标生产率决定垄断（竞争），垄断（竞争）对生产率具有反作用。

3. 将组织看成系统，将产业组织过程看成产业系统的演化过程。借鉴系统动力学的建模方法，建立了产业系统自组织模型。通过系统模拟，进行了政策参数的灵敏度测试和不同方案的比较，提出了相应的产业组织政策。

Abstract

Hi-tech industries are very important in overall national strength, economic competitive power and scientific and technological strength of a country. Facing fierce competition, how to develop them has become an urgent problem required to be resolved. The result, obtained from statistical analysis of the papers on developing hi-tech industries, shows that hi-tech industry organization policies have been seldom studied in literature. Therefore this book mainly investigates the approach of using industry organization policies to develop hi-tech industries.

The goal of industry organization policies is optimum allocation of resources within industry, and their core problem is the relationship between scale economy and competition merit. According to monopoly (competition) degree, all industry organization policies fall into two broad classes: antimonopolistic policy and direct regulation policy. So to establish industry organization policies should be based on the relationship between monopoly (competition) degree and developing hi-tech industries, which has not been studied well in literature and has been researched in this book.

This book has tested three hypotheses as following:

(1) The relationship between monopoly (competition) degree and developing hi-tech industries is not linear.

(2) When the interrelation between monopoly (competition) degree and developing hi-tech industries plays a leading role, there will be synergic variation between them, of which developing hi-tech industries is serial variable and its value indicates the advancing degree of industrial organization.

(3) There are sensing parameters which can be used to solve the system

problems.

This book starts from concept of technology, defines hi-tech by sorting technology, and sums up definitions of hi-tech industry to show that defining hi-tech industry is one of difficulties in studying hi-tech industry now. After discussing development characters of hi-tech and hi-tech industry, the author chooses profit ratio and productivity as evaluating indicators of developing level of hi-tech industry by comparing lots of famous empirical research and investigating the relationship between performance, profitability and productivity.

This book defines productivity, compares measure indicators of productivity, builds econometric model through the Stochastic Frontier Analysis, and measures productivity and profit ratio of hi-tech industries in China. The results show that it is necessary using the Stochastic Frontier Analysis; capital input is the most import factor in developing hi-tech industry which increases returns to scale.

Following measuring concentration ratio of hi-tech industries in China, this book builds theoretical model about the relationship between concentration ratio and profit ratio. The empirical research results show that the relationship between concentration ratio and profit ratio is weak correlation, nonlinearity and discrete. Then the author point out that profit ratio can evaluate not only developing hi-tech industries but also monopoly (competition) degree.

The results of the empirical research on the relationship between concentration ratio and productivity, productivity and profit ratio of hi-tech industries following relative literature, show that the dynamic and nonlinear relationship between monopoly (competition) and developing hi-tech industry could be investigated by using self-organization theory, which is a new research approach, instead of traditional static and linear methods.

Based on upwards researches, this book tries to apply the theory of self-organization (especially synergetics) to studying hi-tech industry organization. Organization and self-organization are described by mathematical formula, entropy and structure of all classes of system are compared, and the evolvement mechanism of industrial organization is investigated. Borrowing ideas from system dynamics, a self-organization model of industrial organization is set up. Multi-factor productivity and return on revenue are remeasured, and the order parameter of hi-tech industry system is determined by estimating the parameter of the system.

This book applies policy science theory to policy analysis. Through system simulation by dint of orthogonal experiment, the sensitivity of policy parameters is tested and several different plans are compared. At last, the author puts forward some relevant industry organization policies, including that the incentive mechanism of productivity should be perfected, the control mechanism should be set up, and a leading governing role to market structure should be well played by productivity.

This book points out that the policy thinking about promoting industrial organization to rationalization is that the market structure with efficient competition should be set up, in order to increase productivity. Efficient competition is the competition which makes social general benefit maximum and harmonizes with scale economy. Industry organization policies should make a feasible environment, in which industrial organization could vary the form of organization in order to optimize itself function and structure. And this process is the organizational innovation of industrial organization. Therefore the essential of organizational innovation is to optimize form of organization of production factors and to increase productivity.

The main innovations of this book are:

(1) This book uses unique research methods, which synthetically applies Industrial Organization, System Science, Econometrics, and System Dynamics into developing hi-tech industries. Multi-factor productivities of hi-tech industries are measured by using Stochastic Frontier Analysis. And the author applies orthogonal experiment into System Dynamics.

(2) Through putting monopoly (competition) and developing hi-tech industries into one system, the results of system analysis show that monopoly (competition) could not control developing hi-tech industries, but develo-

ping hi-tech industries could control monopoly (competition) which has ret-roaction.

(3) This book regards organization as system and the process of indus-trial organization as evolutionary process of industrial system. Borrowing ideas from system dynamics, a self-organization model of industrial organization is set up. Through system simulation, the sensitivity of policy parameters is test-ed and several different plans are compared. At last, the author puts forward some relevant industry organization policies.

目　　录

第1章　导论 ……………………………………………… 1

　1.1　问题的提出 …………………………………………… 1

　1.2　高技术产业发展理论研究现状 ……………………… 3

　　　1.2.1　相关文献的统计分析 ……………………………… 3

　　　1.2.2　文献综述 …………………………………………… 7

　1.3　本书研究的主要问题 ………………………………… 12

　1.4　本书的逻辑结构 ……………………………………… 12

第2章　高技术产业的界定和发展水平的评价 …… 15

　2.1　高技术产业的界定 …………………………………… 15

　　　2.1.1　技术、适用技术、高技术 ………………………… 15

　　　2.1.2　国外关于高技术产业的界定 ……………………… 18

　　　2.1.3　我国关于高技术产业的界定 ……………………… 22

　2.2　高技术产业的特征 …………………………………… 26

　　　2.2.1　高投入、高风险、高收益 ………………………… 27

　　　2.2.2　相对性和动态性 …………………………………… 28

　　　2.2.3　高渗透性 …………………………………………… 28

　2.3　我国高技术产业发展水平的评价 …………………… 29

第3章　我国高技术产业生产率和利润率的测算 …… 33

　3.1　生产率的界定 ………………………………………… 33

　3.2　生产率的测算指标 …………………………………… 35

3.3 多要素生产率的测算方法 ················· 37

　　3.3.1 非前沿面法 ··················· 39

　　3.3.2 前沿面法 ··················· 43

3.4 我国高技术产业的生产率的测算 ··············· 45

　　3.4.1 我国高技术产业的多要素生产率 ··········· 45

　　3.4.2 我国高技术产业的劳动生产率 ··········· 53

3.5 我国高技术产业的利润率 ················· 56

第4章　高技术产业的集中率与利润率 ········· 60

4.1 我国高技术产业集中率的测算 ··············· 60

　　4.1.1 衡量集中度的指标 ··············· 61

　　4.1.2 样本数据 ··················· 62

　　4.1.3 我国高技术产业集中率 ············· 65

4.2 集中率与利润率之间关系的理论背景 ··········· 66

4.3 集中率与利润率之间关系的理论模型 ··········· 67

　　4.3.1 产业内产品是同质的 ············· 68

　　4.3.2 产业内产品有差异 ··············· 70

4.4 集中率与利润率之间关系的实证研究 ··········· 70

4.5 利润率指标的再探讨 ··················· 78

第5章　高技术产业的垄断与生产率 ········· 79

5.1 理论背景 ························· 79

　　5.1.1 市场结构与技术进步 ············· 79

　　5.1.2 竞争与生产率 ················· 82

　　5.1.3 国内研究现状 ················· 83

5.2 集中率与生产率 ····················· 84

5.3 利润率与生产率 ····················· 90

5.4 一个新的研究角度 ··················· 99

第6章　高技术产业的自组织 ··········· 102

6.1 组织与自组织的数学描述 ················· 102

6.2　系统分类和系统结构 ……………………………………… 106

　　6.2.1　系统分类 …………………………………………… 106

　　6.2.2　系统结构 …………………………………………… 106

　　6.2.3　各类系统的熵和结构 ……………………………… 107

6.3　产业组织的演化机理 ……………………………………… 109

　　6.3.1　非平衡的开放系统 ………………………………… 109

　　6.3.2　通向自组织之路 …………………………………… 111

　　6.3.3　序参量 ………………………………………………… 113

6.4　产业系统自组织模型 ……………………………………… 114

　　6.4.1　产业系统的因果回路图 …………………………… 114

　　6.4.2　产业系统流图 ……………………………………… 116

　　6.4.3　系统方程 …………………………………………… 117

6.5　高技术产业系统序参量的确定 …………………………… 117

　　6.5.1　数据生成 …………………………………………… 117

　　6.5.2　生产率为序参量假设下的回归方程 ……………… 125

6.6　几点结论 …………………………………………………… 128

第7章　高技术产业组织政策 ………………………………… 129

7.1　理论背景 …………………………………………………… 130

7.2　政府管制 …………………………………………………… 131

　　7.2.1　可竞争市场理论有关政府管制的主要观点 ……… 132

　　7.2.2　"后SCP流派"有关政府管制的主要观点 ……… 132

7.3　协同学视角下的高技术产业系统 ………………………… 133

7.4　政策参数的灵敏度测试 …………………………………… 134

7.5　几种政策方案比较 ………………………………………… 138

7.6　政策建议 …………………………………………………… 142

　　7.6.1　完善生产率的激励机制 …………………………… 143

　　7.6.2　建立垄断的控制机制 ……………………………… 143

　　7.6.3　加强生产率对市场结构的决定作用 ……………… 144

第8章　结论与展望 …………………………………………… 145

8.1　主要结论 …………………………………………………… 145

8.2　本书主要创新点 ……………………………………… 145

8.3　有待进一步研究的问题 …………………………… 146

参考文献…………………………………………………… 147

图 形 目 录

图 1－1　高技术产业增加值 ················· 2

图 1－2　高技术产业出口交货值 ·············· 3

图 1－3　本书框架 ······················ 13

图 2－1　三 P 模型 ····················· 32

图 3－1　测算 MFP 的前沿面法和非前沿面法 ········ 38

图 3－2　产出增长和 MFP 增长分解 ············ 43

图 3－3　高技术产业的技术效率 ·············· 52

图 3－4　高技术产业的多要素生产率 ············ 53

图 3－5　高技术产业的劳动生产率 ············· 55

图 3－6　高技术产业的利润率 ··············· 59

图 4－1　高技术产业的集中率 ··············· 66

图 4－2　CR_4 和销售利润率 ················ 73

图 4－3　CR_4 和资产利润率 ················ 73

图 4－4　CR_4 和权益利润率 ················ 74

图 4－5　CR_8 和销售利润率 ················ 74

图 4－6　CR_8 和资产利润率 ················ 75

图 4－7　CR_8 和权益利润率 ················ 75

图 5－1　CR_4 和技术效率 ················· 86

图 5－2　CR_4 和多要素生产率 ··············· 86

图 5－3　CR_4 和劳动生产率 ················ 87

图 5－4　CR_8 和技术效率 ················· 87

图 5－5　CR_8 和多要素生产率 ··············· 88

图 5－6　CR_8 和劳动生产率 ················ 88

图 5－7　销售利润率和技术效率 ·············· 93

图 5 – 8　资产利润率和技术效率 ················· 93

图 5 – 9　权益利润率和技术效率 ················· 94

图 5 – 10　销售利润率和多要素生产率 ·············· 94

图 5 – 11　资产利润率和多要素生产率 ·············· 95

图 5 – 12　权益利润率和多要素生产率 ·············· 95

图 5 – 13　销售利润率和劳动生产率 ··············· 96

图 5 – 14　资产利润率和劳动生产率 ··············· 96

图 5 – 15　权益利润率和劳动生产率 ··············· 97

图 6 – 1　组织的势函数曲线 ··················· 103

图 6 – 2　自组织的势函数曲线 ·················· 105

图 6 – 3　系统熵 S 的改变 ···················· 108

图 6 – 4　非平衡系统的演变过程 ················· 111

图 6 – 5　功能、时空结构和涨落 ················· 112

图 6 – 6　产业系统的因果回路图 ················· 115

图 6 – 7　产业系统流图 ····················· 116

图 6 – 8　高技术产业的势函数曲线 ··············· 126

图 6 – 9　电子及通信设备制造业的势函数曲线 ········· 127

图 7 – 1　r_1 和 r_2 趋势图 ····················· 137

图 7 – 2　a 和 b 趋势图 ····················· 137

图 7 – 3　模拟结果（1） ····················· 139

图 7 – 4　模拟结果（2） ····················· 140

图 7 – 5　模拟结果（3） ····················· 142

表 格 目 录

表 1 – 1　与高技术产业理论研究相关的关键词的使用
频次排序 ……………………………………… 4

表 1 – 2　与高新技术产业理论研究相关的关键词的使用
频次排序 ……………………………………… 5

表 1 – 3　三种集中程度的比较 ……………………………… 6

表 2 – 1　不同时期的技术 …………………………………… 15

表 2 – 2　技术的分类 ………………………………………… 17

表 2 – 3　OECD 界定的六类高技术产业 …………………… 20

表 2 – 4　OECD 界定的四类高技术产业 …………………… 21

表 2 – 5　高技术产业统计分类目录 ………………………… 23

表 2 – 6　高技术产业统计资料整理公布格式 ……………… 25

表 2 – 7　部分结构—绩效关系实证研究所用指标 ………… 30

表 3 – 1　生产率定义举例 …………………………………… 34

表 3 – 2　生产率的主要测算指标 …………………………… 37

表 3 – 3　多要素生产率的测算方法 ………………………… 37

表 3 – 4　高技术产业的工业增加值、总资产和职工人数 …… 47

表 3 – 5　Frontier 4. 1 估计结果 …………………………… 49

表 3 – 6　高技术产业的技术效率和多要素生产率 ………… 50

表 3 – 7　高技术产业的劳动生产率 ………………………… 53

表 3 – 8　高技术产业的利润率 ……………………………… 57

表 4 – 1　销售收入最大的 8 家企业的销售收入 …………… 62

表 4 – 2　高技术产业的集中率 ……………………………… 64

表 4 – 3　高技术产业的利润率和集中率 …………………… 71

表 4 – 4　CR_4 与利润率 …………………………………… 76

表 4 - 5　CR_8 与利润率 ……………………………………… 76

表 4 - 6　CR_4 与利润率回归分析结果 ……………………… 77

表 4 - 7　CR_8 与利润率回归分析结果 ……………………… 77

表 5 - 1　高技术产业的生产率和集中率 …………………… 84

表 5 - 2　CR_4 与生产率 ……………………………………… 89

表 5 - 3　CR_8 与生产率 ……………………………………… 89

表 5 - 4　CR_4 与生产率回归分析结果 ……………………… 90

表 5 - 5　CR_8 与生产率回归分析结果 ……………………… 90

表 5 - 6　高技术产业的生产率和利润率 …………………… 91

表 5 - 7　销售利润率与生产率回归分析结果 ……………… 98

表 5 - 8　资产利润率与生产率回归分析结果 ……………… 98

表 5 - 9　权益利润率与生产率回归分析结果 ……………… 98

表 6 - 1　高技术产业的工业增加值 ………………………… 118

表 6 - 2　高技术产业的从业人员年平均人数 ……………… 118

表 6 - 3　高技术产业的年末固定资产原价 ………………… 119

表 6 - 4　电子及通信设备制造业的工业增加值 …………… 119

表 6 - 5　电子及通信设备制造业的从业人员年平均人数 … 119

表 6 - 6　电子及通信设备制造业的年末固定资产原价 …… 120

表 6 - 7　高技术产业 Frontier 4. 1 估计结果 ……………… 120

表 6 - 8　高技术产业的技术效率 …………………………… 121

表 6 - 9　高技术产业的多要素生产率 ……………………… 121

表 6 - 10　电子及通信设备制造业 Frontier 4. 1 估计结果 …… 121

表 6 - 11　电子及通信设备制造业的技术效率 ……………… 122

表 6 - 12　电子及通信设备制造业的多要素生产率 ………… 122

表 6 - 13　高技术产业的销售收入 …………………………… 122

表 6 - 14　高技术产业的利润 ………………………………… 123

表 6 - 15　电子及通信设备制造业的销售收入 ……………… 123

表 6 - 16　电子及通信设备制造业的利润 …………………… 124

表 6 - 17　高技术产业的销售利润率 ………………………… 124

表 6 - 18　电子及通信设备制造业的销售利润率 …………… 124

表 7 - 1　参数和水平 ………………………………………… 135

表 7 - 2　　正交试验结果　　……………………………………… 135
表 7 - 3　　模拟结果（1）　　……………………………………… 138
表 7 - 4　　模拟结果（2）　　……………………………………… 140
表 7 - 5　　模拟结果（3）　　……………………………………… 141

第 1 章

导　　论

1.1　问题的提出

20 世纪下半叶，以信息技术、生物技术、新材料技术、新能源技术、航空航天技术、海洋技术等为代表的高技术取得了重大突破并迅速产业化，带动了世界产业结构的调整和升级，大大促进了世界经济全球化的进程，也引起了人们生产方式、消费结构甚至生活方式的深刻变革。在全球日趋激烈的综合国力竞争中，能否在高技术及其产业领域占据一席之地，已经成为国际竞争的焦点，同时也是维护国家主权和经济安全的命脉所在。目前，高技术产业已是衡量一个国家的综合国力、经济竞争力和科技实力的重要指标。它不仅日益成为发达国家的主导产业、关键产业或支柱产业，而且也成了发展中国家振兴经济的一条捷径[1]。

在我国，如图 1-1 所示，高技术产业发展迅速，1995～2003 年，工业增加值年均递增 21.2%，成为拉动经济增长的重要力量。我国高技术产业在制造业增加值中所占比例，从 1995 年的 8.8% 提高至 2003 年的 14.8%，有力地促进了经济结构调整。高技术产业的不断壮大，提高了我国产品的国际竞争力。如图 1-2 所示，高技术产业出口交货

---

[1]　徐永昌、张晶、李兴权、董丽娅：《我国高技术产业界定方法的研究（一）》，载《科技指标研究》，2002 年第 2 期。

值由 1998 年的 2042 亿元迅速增加至 2003 年的 9098 亿元，年均增长 34.8%。1998~2003 年的 5 年时间里，高技术产业出口交货值占制造业的比重由 19.4% 提高至 34.3%，成为中国外贸出口的新的增长点。

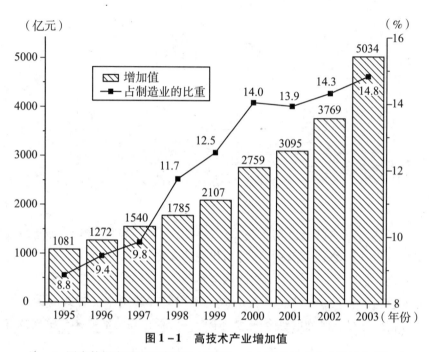

图 1-1　高技术产业增加值

注：1. 图中数据来源于国家统计局等编：《中国高技术产业统计年鉴》（2002 年、2004 年）。

2. 国家统计局国统字［2002］033 号文规定：在计算高技术产业有关指标占制造业比重时，为了便于国际比较，高技术产业计算范围用《高技术产业统计分类目录》中扣除核燃料加工、信息化学品制造和公共软件服务以外的全部行业；制造业的范围为全部工业的制造业企业。

根据国家统计局、国家发展和改革委员会、科学技术部等编《中国高技术产业统计年鉴》（2004），高技术产业增加值占制造业增加值的比重 1996~2000 年，美国由 21.1% 增加至 23.0%，韩国由 17.2% 增加至 20.9%，日本由 16.5% 增加至 18.7%，我国 2003 年才达 14.8%；2001 年高技术产业出口占制造业出口的比重，新加坡为 59.7%，美国为 32.1%，英国为 31.4%，我国为 27.0%。从总体上讲，我国高技术产业的发展还处在成长的阶段，还存在着对高技术产业发展规律认识不

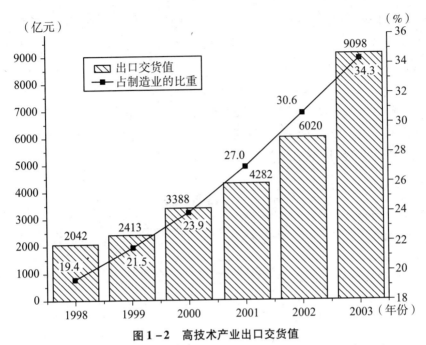

图 1-2　高技术产业出口交货值

　　注：图中数据来源于国家统计局等编：《中国高技术产业统计年鉴》（2004年）。

足、政策措施不配套、科技创新能力不足、风险投资市场不发育等问题。面对日趋激烈的国际经济竞争，如何发展我国高技术产业是一个迫切需要解决的问题。

1.2　高技术产业发展理论研究现状

　　探讨高技术产业发展的文献很多，本书首先对这部分文献进行统计分析，然后进行文献综述。

1.2.1　相关文献的统计分析

　　为了探讨我国高新技术产业发展理论研究的现状，罗晖（2004）对中国期刊网所收录的论文（1994 年 1 月 ~ 2003 年 7 月）进行了统计分析。借鉴其研究方法,通过检索中国期刊网发现:1994 年 1 月 ~ 2004 年 12 月,在中国期刊全文数据库所有 12055652 篇文献中,含有关键词"高技术产业"的文献 2737 篇,"高新技术产业"的文献 11485 篇。由于很多研究没有严格区分"高技术产业"和"高新技术产业",本书将这两类文献共同作为研究的理论背景。其中,与高技术产业理论研究相关的关键词的使用频次排序见表 1 - 1,与高新技术产业理论研究相关的关键词的使用频次排序见表 1 - 2。

表 1 - 1 与高技术产业理论研究相关的关键词的使用频次排序

排序	关键词	使用频次 (1)	集中程度 (2) = (1)/2737
1	创新	489	17.9%
2	市场	439	16.0%
3	战略	406	14.8%
4	竞争	341	12.5%
5	政策	321	11.7%
6	政府	283	10.3%
7	环境	242	8.8%
8	改革	234	8.5%
9	风险投资	219	8.0%
10	人才	200	7.3%
11	系统	179	6.5%
12	创业	121	4.4%
13	竞争力	117	4.3%
14	高技术企业	108	3.9%
15	研究开发	97	3.5%
16	金融	77	2.8%
17	高技术产品	77	2.8%
18	成果转化	71	2.6%
19	WTO	50	1.8%
20	孵化	44	1.6%

表 1－2　　　与高新技术产业理论研究相关的关键词的使用频次排序

排序	关键词	使用频次 (1)	集中程度 (2) = (1) /11485
1	创新	2303	20.1%
2	高新技术产业开发区	2014	17.5%
3	市场	1901	16.6%
4	战略	1759	15.3%
5	政策	1549	13.5%
6	政府	1415	12.3%
7	环境	1204	10.5%
8	改革	1190	10.4%
9	竞争	1185	10.3%
10	人才	958	8.3%
11	风险投资	950	8.3%
12	高新技术企业	933	8.1%
13	创业	829	7.2%
14	系统	541	4.7%
15	成果转化	530	4.6%
16	金融	515	4.5%
17	竞争力	377	3.3%
18	高新技术产品	357	3.1%
19	孵化	314	2.7%
20	研究开发	308	2.7%

　　从表 1－1 和表 1－2 可以看出，高技术产业理论研究热点问题相对集中在创新、市场、战略、竞争、政策和政府等方面，研究的理论框架、研究方法、研究范式还不很清晰。

　　在表 1－1、表 1－2、文献[1]中，有 15 个关键词相同，其集中程度

---

　　①　罗晖：《从文献计量分析看我国高新技术产业发展理论研究的现状》，载《情报学报》，2004 年第 2 期。

如表 1 - 3 所示。使用统计分析软件 SPSS 对三种集中程度进行方差分析，结果为：F = 0.212，其概率 P = 0.810 > α = 0.05，尽管相关关键词的使用频次排序不完全相同，但三种集中程度之间没有显著差异。

在含有关键词"高技术产业"的 2737 篇文献中，含有关键词"产业组织"、"市场结构"、"产业组织政策"的文献分别为 13 篇、7 篇、0 篇。在含有关键词"高新技术产业"的 11485 篇文献中，含有关键词"产业组织"、"市场结构"、"产业组织政策"的文献分别为 25 篇、10 篇、2 篇。因此本书主要探讨高技术产业组织政策。

表 1 - 3	三种集中程度的比较		单位：%
关键词	A	B	C
创新	17.9	20.1	18.0
市场	16.0	16.6	15.2
战略	14.8	15.3	14.3
政策	11.7	13.5	13.7
政府	10.3	12.3	9.5
环境	8.8	10.5	9.6
改革	8.5	10.4	8.2
风险投资	8.0	8.3	10.6
人才	7.3	8.3	7.5
创业	4.4	7.2	5.3
竞争力	4.3	3.3	1.8
研究开发	3.5	2.7	2.1
金融	2.8	4.5	4.2
成果转化	2.6	4.6	4.1
孵化	1.6	2.7	2.2

注：A 为表 1 - 1 中的集中程度；B 为表 1 - 2 中的集中程度；C 为文献①中的集中程度。

---

① 罗晖：《从文献计量分析看我国高新技术产业发展理论研究的现状》，载《情报学报》，2004 年第 2 期。

1.2.2　文献综述

1.2.2.1　高技术的定义

高长元（2002）在其博士论文中指出："高新技术作为人们公认的技术领域形成于第二次世界大战期间"，由于种种原因，"至今高新技术还没有一个国际公认的定义"。很多学者认为，"高技术是建立在现代科学发现基础上发明的技术，是对国防和社会经济意义重大的技术，是能形成产业的新技术或尖端技术。高技术赖以建立的现代科学发现和技术发明具有知识密集度高的特征。高技术的使用往往带来经济超常规发展甚至是跨越式发展，对发展中国家有着重大意义"[①]。许继琴（2003）强调"高技术是一个经济概念"，从经济角度看，"高技术是指在新科技革命基础上产生的、能导致新兴产业出现并对产业结构乃至经济、社会形态的转变具有重大意义的新兴、尖端技术"。汪莹、刘志迎（2002）将高技术看成一个相对的、动态的、发展的概念。高技术必然是新技术，但新技术不一定是高技术。新技术泛指第二次世界大战以来涌现出来的科技成果，而只有前沿技术才能称之为高技术。侯合银、王浣尘（2003）赞同运营霞等人将高技术的本质概括为："高技术是一种知识密集、技术密集的最新技术，是建立在现代科学理论和最新工艺技术基础上，人们利用与改造自然界的动态过程；它体现着现代人类社会对自然的更高一级的能动作用，是能够为当今社会带来巨大经济效益和社会效益而创造出各种高效手段与方法的总和。"侯合银、王浣尘将"高技术产业化"界定为"高技术由产品到产业的发展"。通过研究，侯合银、王浣尘进一步将高技术产业发展的经济技术特性总结为"高速度性、深渗透性、宽范围性、紧关联性和巨规模性等五大属性".，认为："高新技术产业的发展必须通过这五个属性的合理整合才能实现"。

[①] 《我国高技术产业分类与发展状况研究》课题组：《对高技术产业相关概念的基本认识》，载《中国统计》，2003 年第 3 期。

1.2.2.2　高技术产业的评价及重要性

有关高技术产业评价的文献大多集中在高技术产业国际竞争力评价（穆荣平，2000；江兵、夏晖、刘洪，2000；王威、高长元、郭琛，2003）、高技术产业化评价（吴中志，2001；冯燕奇、唐洁、聂巧平，2001；葛宝山、姚梅芳，1999）、高技术产业开发区评价（刘荣增，2002；黄燕琳，2004；赵玉林、汪芳，2000）、高技术企业绩效评价（王旭、臧晶、李帅帅，2003；郑美群、蔡莉、周明霞，2004；杨廷双，2003）、高技术项目投资风险评价（徐绪松、但朝阳，2000；李煜华、郎宏文，2004；韩静轩、马力，2001）等方面。唐中赋、顾培亮（2004）提出了高技术产业发展度的概念，对我国高技术产业的发展水平做了实证分析，结果表明，我国高技术产业发展水平，目前仍处于初级阶段。

胡荣华、李罗庚（2003）对我国高新技术产业发展与经济发展的关系进行了实证分析。结果表明，高新技术产业化程度与人均 GDP 之间的关系很明显。据统计，在整个 20 世纪 90 年代，美国 GDP 的 30% 几乎来自高科技产业，而高技术产业中技术创新或技术进步的贡献率则高达 85% 以上[①]。高技术产业的重要性不言而喻。

1.2.2.3　高技术产业的外部性及政府管制的必要性

陶爱萍等（2003）人认为，高新技术产业之所以在国民经济中的地位日益突出，是因为高新技术产业本身高速增长，对国民经济的发展做出了很大贡献；但更重要的是，在高新技术产业发展过程中会产生很大的外部经济性，从而带动了其他产业以及社会、经济各相关因素的发展。尽管高新技术产业的外部性主要是正的外部性，但同样会使经济中的资源配置无法达到帕累托最优状态，因而完全有必要对其进行规制。刘爱君（2001）在其硕士论文中，通过分析高新技术产业的概念、特点，揭示了政府介入的必要性。余永跃（2001）对世界主要工业化国家高新技术产业发展模式进行比较后认为，政府的宏观调控起着不可低

[①]　程工：《技术创新——美国新经济的核心》，载《北方经济》，2001 年第 7 期。

估的作用。陶然（2003）比较了美日两国的研究开发政策、风险投资政策、中小企业政策、专利政策、公共采购政策，认为政府政策作为一项重要的制度安排在高新技术产业的发展中起着举足轻重的作用。

1.2.2.4 高技术的扩散与渗透

谷克鉴（2002）认为，"技术的国际扩散是当今宏观经济和国际经济研究的前沿问题，对技术的国际扩散及其经济效应的度量当前主要还是借助经济增长理论的'残差生产率'的计算。"由于缺乏数据，"主张用地区间比较优势指数来判断地区间生产率差异，并通过因素分析寻找开放中的技术扩散对生产率变动的影响"。

马宁等（2001）通过对 960 家高新技术企业调查结果的分析，发现高新技术企业创新能力的规模差异性与一般工业企业有所不同。王玉林、袁继贤（1996）探讨了高新技术的扩散理论。通过对扩散系数的讨论得出四种不同的高新技术扩散的对数增长曲线。姚志坚、吴翰等（1999）探讨了高技术渗透的定义、机理、演化模式，并指出了演化过程的随机特征。关于技术扩散与渗透的随机性研究目前尚处于探索阶段，许多问题有待进一步的研究。

1.2.2.5 自组织理论在高技术产业中的应用

岳瑁（2004）认为高技术产业是一个动态系统，由科技、生产和流通三要素组成，高技术产业的形成是三要素协同作用的结果，也是与产业环境高度开放融合的产物，还是一个涨落和风险的实现过程。

綦良群（2005）系统的归纳了高新技术产业化系统的自组织特征。张德贤、陈中慧、戴桂林（1997）运用协同学理论研究了高技术产业化过程。赵玉林（2004）探讨了高技术产业化界面管理的自组织协作原理。从自组织理论的观点来看，高技术由酝酿、孵化、诞生、成长至形成产业化的过程是高技术产业化系统通过自组织形成和向有序方向演化的过程，因此必须实现各职能部门、各环节之间的自组织协作。高技术产业化成功的自组织协作模式有：

（1）由销售部门、工程部门、技术开发部门的人员组成的创新小组。

（2）成员来自不同职能部门但完全脱离了原有部门的风险小组或

风险群体。

（3）联系知识创新源与知识应用终端的孵化器。

陈克文（1996）认为，高技术产业区的形成和发展，除政府采取优惠政策并得到高等院校和科研单位的支持外，主要决定于包括自扩展机制、自繁殖机制、自适应机制、自稳定机制在内的系统自组织机制。

李久鑫、郑绍濂（2000）探讨了高技术企业的组织与自组织管理。柳洲、陈士俊、郭淑芬（2005）认为，在不确定的市场环境中，高技术企业是简单的生成元通过迭代而形成的一个具有耗散结构的复杂有序系统。根据自组织理论，高技术企业的形成必须满足：第一，生成元与外界环境之间相互开放。第二，远离平衡态。第三，非线性相互作用。第四，涨落的放大。为此，应在积极推动高技术企业的生成元远离平衡态的条件下，通过努力营造具有适度开放性的系统内外环境，及时把握和充分利用各种涨落，积极促成创业者、技术、信息和资本之间的非线性相互作用。

1.2.2.6 国外研究现状

朱稼兴（1996）曾将国外研究高技术产业化的理论流派归纳为：

（1）用非线性系统动力学解释高技术产业的发展过程。

（2）有关孵化器、倍增器的学说。

（3）用结构经济学阐述高技术产业的发展。

（4）将技术创新经济学用于高技术产业的发展。

（5）高技术产业发展的增长极理论。

（6）以上各种学说的组合等。

W·布莱恩·阿瑟（1998）强调，正反馈理论是一种理解现代高技术经济学的适当理论。

蔡（Choi, 2003）认为，解释高技术发展的理论主要有长波理论（long-wave theory）、产品生命周期理论（product life-cycle paradigm）、新古典增长理论（neoclassical growth theory）、产业区位理论（industrial location theory）、累积因果理论（cumulative causation theory）、动态内生增长模型（dynamic endogenous growth models）、增长极理论（growth pole theory）、创新扩散理论（innovation diffusion theory）、孵化器理论

(seedbed/incubator theory) 等。

经济合作与发展组织（OECD）在 2001 年就中国加入 WTO 问题组织的多领域研究表明："由于现代工业已经日益成为知识密集型，因此技术能力决定了国家的竞争力。"然而，"中国在改进技术力量方面面临着前所未有的挑战"。"改进中国的技术力量不仅要求增加研究开发的投入，而且要重塑基于市场取向的机制和体制上的转变，这样企业部门才能在改革和技术方面扮演领导角色"①。经济合作与发展组织的研究与本书对高技术产业发展的判断一致。

1.2.2.7 高技术产业发展对传统的"垄断弊端论"提出的挑战

高新让、付仲民（1998）认为，在知识经济时代，高技术企业由技术创新转向市场创新，企业资产重组与并构作为主要实现方式越来越受到人们的青睐。黄燕（2001）指出，高新技术产业发展对传统的"垄断弊端论"提出了挑战。因为"高新技术产业高速发展时期，任何行业都存在大量的潜在竞争者，迫使企业必须不断地追求技术创新"；"在高科技产业中，由于潜在竞争者的存在，垄断企业往往采取薄利多销策略，使消费者前所未有地以低廉的价格享受着优质的产品"；"高新技术产业的行业进入和退出壁垒低，垄断不会排斥竞争，拥有技术优势的中小企业随时可与垄断企业'叫板'"。杨晓玲等（2002）区分了垄断的两种形式："规模垄断"、"技术和产品市场垄断"。不同于"规模垄断"，"技术和产品市场垄断"必然导致一种创造性的破坏，使原有的技术和产品遭到淘汰和替代。另外，"技术和产品市场垄断"具有开放性，是一种通过不断创新打破旧的垄断，建立新的短期垄断的动态过程。"技术和产品市场垄断的这种开放性导致持续的技术进步和产品质量的提高。而规模垄断的保守性、封闭性却阻碍了技术进步。"因为"技术和产品市场垄断"尽管会形成短期的市场势力，但更多地体现为一种竞争的手段和方式。所以不同于垄断与竞争统一在垄断基础上的"规模垄断"，在"技术和产品市场垄断"下，垄断与竞争统一在竞争

① 经济合作与发展组织著，黄渝祥编译：《中国贸易与投资自由化下的效益实现——OECD 与中国的对话与合作》，同济大学 MPA 教学管理中心，2002 年。

的基础上。

文献研究结果显示，现有文献没有将垄断（竞争）和高技术产业发展之间的关系论述清楚。这是一个尚待研究的问题。

1.3　本书研究的主要问题

影响高技术产业发展的因素很多，其中一个薄弱环节是产业组织政策。本书研究的主要问题是如何运用产业组织政策促进高技术产业发展。

所谓产业组织政策，是以产业内部即企业之间资源最优配置为目标的政策，其核心问题是处理规模经济与竞争活力之间的关系问题。在大多数市场经济国家，产业组织政策一般分为反垄断政策和直接规制政策两大类。既然产业组织政策的类型是根据垄断（竞争）程度划分的，本书首先研究垄断（竞争）和高技术产业发展之间的关系。在此基础上，提出相应产业组织政策建议。

本书将检验以下假设：

（1）垄断（竞争）和高技术产业发展之间不是线性关系。

（2）当垄断（竞争）和高技术产业发展之间的关联起主导地位的作用时，两者之间便出现协同运动。其中，高技术产业发展是序参量，它的大小反映了产业组织的进化程度。

（3）高技术产业系统存在代表产业组织政策杠杆作用点的灵敏参数，由此入手，最有希望改善或解决系统存在的问题。

1.4　本书的逻辑结构

图 1-3 给出了全书的框架图。第 2 章至第 5 章，一方面证明了传统的静态、线性方法不能解决垄断（竞争）和高技术产业发展之间动态的、非线性的关系问题，另一方面是应用自组织理论之前的必要准备。第 6 章开始将垄断（竞争）和高技术产业发展置于高技术产业系统之中，从一个新的角度探讨两者之间的关系。

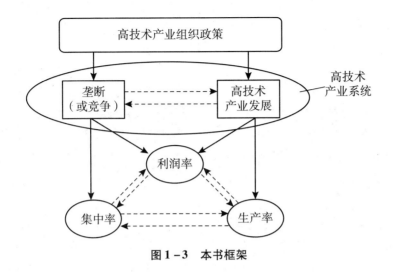

图 1 - 3　本书框架

　　第 2 章以技术的概念为逻辑起点，通过对技术分类，厘清高技术的含义；进而梳理了国内外高技术产业的界定方法、方式，指出高技术产业的界定至今仍然是高技术产业研究的难点之一。论述了高技术的发展特征以及由此带来的高技术产业的特征。通过对许多著名的实证研究的比较分析以及对绩效、盈利能力、生产率之间关系的探讨，选择利润率和生产率指标作为我国高技术产业发展水平的评价指标。

　　第 3 章首先对生产率的含义进行界定，对生产率的测算指标进行比较，在对多要素生产率的测算方法进行了系统的理论分析的基础上，选择随机前沿分析法估计我国高技术产业多要素生产率，建立了相应的计量模型，对样本数据进行了处理，对我国高技术产业的生产率进行了测算，对我国高技术产业的劳动生产率进行了分析。结果表明，使用随机前沿分析法是必需的；在高技术产业增长中，资本投入最重要；高技术产业规模报酬递增。最后，对我国高技术产业的利润率进行了测算。

　　第 4 章在对我国高技术产业集中率进行测算以后，基于集中率与利润率之间关系的理论背景，建立了集中率与利润率之间关系的理论模型，对集中率与利润率之间关系进行了实证研究，结果表明，销售利润率、资产利润率、权益利润率和 CR_4、CR_8 之间的联系都很弱。产业集中率与利润率之间并不存在一种简单的线性关系，而可能是一种非线性和非连续的关系。最后指出利润率指标不仅可以评价高技术产业发展，而且可以刻画垄断（竞争）程度。

第 5 章梳理了西方经济学者关于市场结构与技术进步之间关系的论述、关于竞争与生产率的实证研究以及国内学者的相关研究，实证研究了高技术产业集中率与生产率之间的关系、生产率与作为刻画垄断（竞争）程度的利润率之间的关系。结果表明，传统的静态、线性方法不能解决垄断（竞争）和高技术产业发展之间动态的、非线性的关系问题，为此提出了一个新的研究角度，采用系统科学中的自组织理论的方法。

第 6 章至第 8 章是本书的重点，在前面五章的铺垫下，尝试将自组织理论特别是协同学应用于高技术产业组织研究。对组织、自组织用精确的数学语言进行了描述，分析比较了各类系统的熵和结构，探讨了产业组织的演化机理。借鉴系统动力学的建模方法，建立了产业系统自组织模型。重新对高技术的多要素生产率、销售利润率进行了测算，通过估计系统的参数，确定了高技术产业系统的序参量。

第 7 章根据政策科学的原理，进行政策分析。借助正交试验法，通过系统模拟，进行了政策参数的灵敏度测试和不同方案的比较。提出了完善生产率的激励机制、建立垄断的控制机制、加强生产率对市场结构的决定作用的产业组织政策建议。

第 8 章归纳了全书主要结论、创新点以及有待进一步研究的问题。

第 2 章

高技术产业的界定和发展水平的评价

为了评价我国高技术产业发展，首先必须对高技术产业进行界定，对高技术产业的特征进行探讨。

2.1　高技术产业的界定

2.1.1　技术、适用技术、高技术

国内外高技术产业的界定都是以技术的概念为逻辑起点。如表 2 - 1 所示，人们对技术的认识是不断深化的。

表 2 - 1　　　　　　　　　不同时期的技术

时间	技术特点	需培训人员	技术功能	人对技术的认识
18 世纪以前	简单、易于操作	无	(1) = 节约人力和时间	硬件（工具、机器、设备）
18~20 世纪早期	单功能，专用性	操作人员	(2) = (1) + 物理、化学变化最优	硬件和软件
20 世纪初至今	具有柔性、多功能，能为多目标服务	操作人员与管理人员	(3) = (2) + 空间和时间、逻辑活动最优化	硬件、软件、智能件和支撑网络

资料来源：华宏鸣：《从技术概念的要素分析谈高新技术》，载《研究与发展管理》，1995 年第 1 期。

1986 年著名学者伽洛尼（Milan Zeleny）提出了技术的智能件和支撑网络的概念。从此，技术的构成由最初的一要素变为四要素。技术的四要素分别为[1][2]：

（1）硬件（hardware）——指工具、设备或机器。

（2）软件（software）——指使用硬件的操作人员需要具有的知识、规则、使用方法、技能和诀窍。

（3）智能件（brainware）——指技术使用单位中的管理人员，特别是决策人员需要掌握的知识和应具有的决策能力。

（4）支撑网络（support net）——指硬件、软件和智能件共同所处的由物理的、信息的和社会经济的多种关系组成的一种复杂网络。支撑网络向技术的硬件、软件和智能件提供必要的物质流、能量流和信息流，在宏观上取决于国家或地区的社会环境、政治环境和经济环境，在微观上决定于技术使用单位的内部环境。

伽洛尼给出了一个简单例子，汽车的硬件是指不同于其他商品的零部件组合。汽车的软件是指操作规则、驾驶手册、维修保养指南等。汽车的智能件是指关于目的地、路径、时间等的决策。汽车的支撑网络是指现有的道路设施、交通法规、交通管制等[3]。

技术与其四要素之间的关系可用下式表示[4]，

$$技术 = （硬件 + 软件 + 智能件）× 支撑网络$$

上式中，三位一体的硬件、软件、智能件被称为技术核（technology core，TC），支撑网络以乘数因子的形式出现，这是因为硬件、软件、智能件三者都需要支撑网络，支撑网络对硬件、软件、智能件三者都有影响，而且一项技术的支撑网络可以被其他技术使用。

1993 年加拿大学者哈密德[5]在伽洛尼提出的技术由硬件、软件、智能件和支撑网络四部分组成的基础上，根据技术与现有支撑网络相互适应的程度，将技术划分为高技术和适用技术。

---

① 韩兆林、张小燕、陈小平：《基于自然科学角度的高科技内涵浅析》，载《科学学与科学技术管理》，1999 年第 9 期。

② 华宏鸣：《技术的四要素》，载《中国软科学》，1994 年第 6 期。

③⑤ Zeleny, M., "High Technology Management", Human Systems Management, 1986, 6 (2)：109 – 120.

④ 华宏鸣：《从技术概念的要素分析谈高新技术》，载《研究与发展管理》，1995 年第 1 期。

　　哈密德认为，能在现有技术支撑网络体系中正常运行和应用的技术为适用技术。适用技术包括传统技术和一些新技术。适用技术对现有支撑网络体系即使不完全适应也不需要对现有支撑网络体系的结构做出变动，最多只需要对能量流、物质流或信息流的形式、强度、渠道等做出某种程度的调整。

　　高技术是指那些能够影响甚至改变现有技术支撑网络体系的结构和性质的技术。高技术的引入不仅需要对能量流、物质流、信息流做出调整，还要改变现有技术支撑网络体系，建立局部更新或全新的技术支撑网络体系。有些高技术可能一产生就会对现有技术支撑网络体系产生较大影响，但大多数高技术是相互结合在一起才共同对现有技术支撑网络体系施加较大影响。

　　高技术和适用技术与技术的其他分类关系如表 2 - 2 所示。

表 2 - 2　　　　　　　　　　　　技术的分类

技术的分类	按时间序列分			按功能的先进程度分		
	新兴技术	新技术	一般技术	一般技术	先进技术	尖端技术
适用技术	√	√	√	√	√	√
高技术	√	√			√	√

　　资料来源：华宏鸣：《从技术概念的要素分析谈高新技术》，载《研究与发展管理》，1995 年第 1 期。韩兆林、张小燕、陈小平：《基于自然科学角度的高科技内涵浅析》，载《科学学与科学技术管理》，1999 年第 9 期。

　　按时间序列，技术可以分为：尚未被商业化，但在 3 ~ 5 年内将会被商业化的技术，或者是现在虽已经初步应用但将很快会发生明显变化的技术，称为新兴技术。新兴技术开始步入稳定阶段的技术，称为新技术。新技术经过较长时间的应用已经完全成熟的技术，称为一般技术。在新兴技术、新技术中，能够在现有的技术支撑网络体系中得到很好运用的为适用技术，能够影响乃至改变现有技术支撑网络体系的结构和性质的为高技术。所有的一般技术都能够在现有的技术支撑网络体系中得到很好的运用，因此在一般技术中只有适用技术，没有高技术。

　　按功能先进程度，技术可以分为：在某一类技术中居于领先地位，或者所用的知识属于某一学科前沿的技术，称为尖端技术。与那些可类比的技术相比，它具有某种先进性或者更为优越的地方，但不一定属于领先地位的技术，称为先进技术。在当前的生产和服务中得到广泛应用的技术，称为一般技术。在尖端技术、先进技术中能够在现有的技术支撑网络体系中得到很好运用的为适用技术，能够影响乃至改变现有技术支撑网络体系的结构和性质的为高技术。所有的一般技术都能够在现有的技术支撑网络体系中得到很好的运用，因此在一般技术中只有适用技术，没有高技术。

一般认为，国内"高技术"概念首先出现于 1986 年国务院颁布的《国家高技术研究发展计划纲要》（简称"863"计划）。但是，1988 年 7 月开始实施的火炬计划，将"高技术"变为"高新技术"。在 1988 年上半年国家科委报送国务院并被国务院批准的《关于动员和组织科技力量为沿海地区经济发展战略服务的决定》中提出："为促进我国高技术、新技术科技成果的商品化，推动我国高技术、新技术产业的建立和发展，国家科委将从今年下半年开始实施火炬计划"。1988 年 8 月 6 日，全国第一次火炬计划工作会议在北京召开。国家科委主要领导作了题为《创造有利于高技术、新技术产业发展的适宜环境和条件》和《发挥科技优势，推动高技术、新技术产业的发展》的报告。会议还讨论了《火炬计划纲要》、《关于高技术、新技术企业认定条件和标准的暂行规定》、《关于简化高技术、新技术企业部分人员出国手续的暂行办法》等文件。所有这些均可说明火炬计划中的"高新技术" = "高技术" + "新技术"。直至 2002 年，在国家统计局以国统字［2002］033 号文颁布的《高技术产业统计分类目录》中，"高新技术"又变回"高技术"。从表 2－2 可以看出，使用"高技术"比使用"高新技术"更准确地反映了高技术、新技术各自的内涵以及相互关系。而且，"高技术"比"高新技术"更具有国际可比性。

2.1.2　国外关于高技术产业的界定

高技术产业是建立在高技术基础上的产业群。使用高技术的不一定是高技术产业，而高技术产业又不一定都使用高技术。国内外多数学者认为，高技术产业是高技术产品的生产者而不是使用者。迄今为止，高技术产业的界定仍然是高技术产业研究的难点之一。国外对高技术产业的界定有定性判断和定量指标两类方法。

定性判断是根据高技术产业的特征和作用来判定高技术产业。国内外对高技术产业的定性判断基本上一致，均将研究与开发（R&D）经费投入大、技术进步快的产业界定为高技术产业。由于定义太笼统，定性判断很难准确界定高技术产业。因此，定性判断方法在实际中使用较少。

定量指标是利用若干对高技术产业特征最具典型意义的可量化的指标来界定高技术产业。由于高技术产业以技术密集度高为其核心特征，所以最常用的指标是产业技术密集度。界定高技术产业技术密集度指标主要有两个：一个是研究与开发（R&D）强度，即 R&D 经费支出占产业总产值、增加值或销售收入等的比重。另一个是科技人员占全体职工的比重。上述两个指标的不同组合构成了高技术产业的不同定义。另外，有人使用产品的技术复杂度指标界定高技术产业。尽管产品的技术复杂度与高技术产业相关，但由于该指标只注重产品，不关心工艺，而且很难客观量化，所以该指标的应用受到制约①。

高技术产业的具体界定方式一般有基于产业的方式、基于产品的方式两种。

2.1.2.1　基于产业的方式

以经济合作与发展组织（OECD）为代表的基于产业的方式（Industry-based method），直接采用有关产业的数据来划分高技术产业。产业代码采用国际标准产业分类代码（International Standard of Industrial Codes，ISIC）。在 OECD 成员国中，制造业 R&D 占全部 R&D 的比重达95%。基于这一实际情况，OECD 将高技术产业界定范围确定在制造业。实际上，制造业作为物质生产部门，具有技术开发活动相对密集的特点，是 R&D 活动的主体，也是多数国家 R&D 统计的基本范围，因此

---

① 徐永昌、张晶、李兴权、董丽娅：《我国高技术产业界定方法的研究（一）》，载《科技指标研究》，2002 年第 2 期。

以制造业为基础划分高技术产业能够满足国际比较和方便操作的要求①。

1986 年，OECD 使用 R&D 强度（总产值中 R&D 经费所占比例）一项指标计算产业技术密集度，如表 2 – 3 所示，将产业技术密集度明显高的六类产业划分为高技术产业。

表 2 – 3　　　　　　　　　OECD 界定的六类高技术产业

产业名称	ISIC 代码	R&D 强度（%）
高技术产业		
航空航天制造业	3845	22.7
计算机及办公设备制造业	3825	17.5
电子及通信设备制造业	3832	10.4
医药制造业	3522	4.8
专用科学仪器设备制造业	385	4.8
电气机械及设备制造业	383（不含 3832）	4.4
中高技术产业		
汽车制造业	3843	2.7
化工制造业	351、352（不含 3522）	2.3
制造业平均水平		1.8

资料来源：徐永昌、张晶、李兴权、董丽娅：《我国高技术产业界定方法的研究（一）》，载《科技指标研究》，2002 年第 2 期。

考虑到各类产业不仅自身从事 R&D 活动，而且还大量使用其他相关产业的 R&D 成果，1994 年 OECD 引入了 R&D 间接经费的概念。R&D 间接经费使用各产业新购入的技术含量高的先进设备的价值量表示，根据投入产出模型计算。直接 R&D 经费和间接 R&D 经费之和为 R&D 总经费，利用 R&D 总经费与总产值的比例、直接 R&D 经费与总

① 王树海：《OECD 国家高新技术指标体系研究与启示》，载《中国科技产业》，2002 年第 2 期。

产值的比例、直接 R&D 经费与增加值的比例三项指标来计算各产业的
R&D 密集度，避免了只用直接 R&D 经费强度划分高技术产业可能带来
的片面性[①]。将高技术产业由六类调整为四类，如表 2-4 所示。

表 2-4　　　　　　　　　　OECD 界定的四类高技术产业

产业名称	ISIC 代码	1990 年数据			1980 年数据		
		A	B	C	A	B	C
高技术产业							
航空航天制造业	3845	17.3	15.0	36.3	16.1	14.1	41.1
计算机及办公设备制造业	3825	14.4	11.5	30.5	11.2	9.0	26.0
医药制造业	3522	11.4	10.5	21.6	8.4	7.6	16.9
电子及通信设备制造业	3832	9.4	8.0	18.7	9.3	8.4	18.4
中高技术产业							
专用科学仪器设备制造业	385	6.6	5.1	11.2	4.7	3.6	8.6
汽车制造业	3843	4.4	3.4	13.7	3.7	2.8	10.1
电气机械及设备制造业	383 - 3832	4.0	2.8	7.6	4.3	3.5	8.9
化工制造业	351 + 352 - 3522	3.8	3.2	9.0	2.7	2.2	7.6
其他运输设备制造业	3842 + 3844 + 3849	3.0	1.6	4.0	1.7	1.0	2.7
非电气机械制造业	382 - 3825	2.6	1.7	4.6	2.0	1.3	3.5

注：A 为 R&D 总经费占总产值的比重；B 为直接 R&D 经费占总产值的比重；
C 为直接 R&D 经费占增加值的比重。

资料来源：徐永昌、张晶、李兴权、董丽娅：《我国高技术产业界定方法的研
究（一）》，载《科技指标研究》，2002 年第 2 期。

2001 年，OECD 又重新界定了高技术产业，专用科学仪器设备制造

---

① 徐永昌、张晶、李兴权、董丽娅：《我国高技术产业界定方法的研究（一）》，载《科
技指标研究》，2002 年第 2 期。

业又被划入高技术产业范围，形成了五类高技术产业。

2.1.2.2 基于产品的方式

以美国为代表的基于产品的方式（Products-based method），依据产品的有关指标，划分高技术产品群，再根据高技术产品群划分高技术产业[1][2]。

1971 年，美国商务部以本国的《工业标准分类》（SIC）为基础，依据产品销售额中 R&D 支出的比重和科学家、工程师、技术工人占全体职工的比重均大于 10% 的标准，确定了高技术产品分类目录，该方法称为 DOC1。1977 年，以《国际贸易标准分类》（SITC）为基础，改进了原有的高技术产品目录，该方法称为 DOC2。1982 年，美国商务部在确定高技术产品时，不仅考虑了最终产品用于 R&D 的支出，还考虑了中间产品用于 R&D 的支出，这种方法称为 DOC3。目前美国高技术产品的分类是以海关合作理事会制定的《商品名称及编码协调制度（HS）》为基础，在使用 DOC3 的同时，增加了定性分析[3]。据此，所确定的高技术领域包括生物技术、生命科学技术、光电技术、计算机及通信技术、电子技术、计算机集成制造技术、材料设备技术、航天技术、武器技术、核技术等十大领域。

2.1.3 我国关于高技术产业的界定

1986 年，国家高技术研究发展计划（"863"计划）提出了以生物技术、航天技术、信息技术、激光技术、自动化技术、能源技术、新材料技术等 7 个高技术领域的十几个主要项目为目标，积极跟踪国际高技术发展动向。

国家发展和改革委员会、科学技术部、商务部曾先后联合编制了

---

① 徐永昌、张晶、李兴权、董丽娅：《我国高技术产业界定方法的研究（一）》，载《科技指标研究》，2002 年第 2 期。

② 张晶：《高技术产业界定指标及方法分析》，载《中国科技论坛》，1997 年第 1 期。

③ 王威、高长元、黄英帼：《高新技术产品认定与评价方法的比较研究》，载《北方经贸》，2002 年第 1 期。

1999 年度、2001 年度和 2004 年度《当前优先发展的高技术产业化重点领域指南》。2004 年度指南提出了当前应优先发展的信息、生物及医药、新材料、先进制造、先进能源、环保和资源综合利用、航空航天、农业、现代交通及其他共 10 个方面的 134 项高技术产业化重点领域，其中信息 25 项，生物及医药 17 项，新材料 22 项，先进制造 11 项，先进能源 14 项，环保和资源综合利用 11 项，航空航天 6 项，农业 12 项，现代交通 8 项，其他领域 8 项。

国家统计局国统字［2002］033 号文件中《高技术产业统计分类目录》所列示的高技术产业如表 2 – 5 所示。高技术产业统计资料整理公布格式如表 2 – 6 所示。后面所提 "高技术产业"，均以这两个表为准。

表 2 – 5　　　　　　　　高技术产业统计分类目录

行业代码	行业名称	行业代码	行业名称	行业代码	行业名称
2530	核燃料加工	4012	通信交换设备制造	411	通用仪器仪表制造
2665	信息化学品制造	4013	通信终端设备制造	4111	工业自动控制系统装置制造
27	医药制造业	4014	移动通信及终端设备制造	4112	电工仪器仪表制造
2710	化学药品原药制造	4019	其他通信设备制造	4113	绘图、计算及测量仪器制造
2720	化学药品制剂制造业	402	雷达及配套设备制造	4114	实验分析仪器制造
2730	中药饮片加工	403	广播电视设备制造	4115	试验机制造
2740	中成药制造	4031	广播电视节目制作及发射设备制造	4119	供应用仪表及其他通用仪器制造
2750	兽用药品制造	4032	广播电视接受设备及器材制造	412	专用仪器仪表制造
2760	生物、生化制品的制造	4039	应用电视设备及其他广播电视设备制造	4121	环境监测专用仪器仪表制造
2770	卫生材料及医药用品制造	404	电子计算机制造	4122	汽车及其他用计数仪表制造

续表

行业代码	行业名称	行业代码	行业名称	行业代码	行业名称
368	医疗仪器设备及器械制造	4041	电子计算机整机制造	4123	导航、气象及海洋专用仪器制造
3681	医疗诊断、监护及治疗设备制造	4042	计算机网络设备制造	4124	农林牧渔专用仪器仪表制造
3682	口腔科用设备及器具制造	4043	电子计算机外部设备制造	4125	地质勘探和地震专用仪器制造
3683	实验室及医用消毒设备和器具制造	405	电子器件制造	4126	教学专用仪器制造
3684	医疗、外科及兽医用器械制造	4051	电子真空器件制造	4127	核子及核辐射测量仪器制造
3685	机械治疗及病房护理设备制造	4052	半导体分立器件制造	4128	电子测量仪器制造
3686	假肢、人工器官及植（介）入器械制造	4053	集成电路制造	4129	其他专用仪器制造
3689	其他医疗设备及器械制造	4059	光电子器件及其他电子器件制造	4141	光学仪器制造
376	航空航天器制造	406	电子元件制造	4154	复印和胶印设备制造
3761	飞机制造及修理	4061	电子元件及组件制造	4155	计算器及货币专用设备制造
3762	航天器制造	4062	印制电路板制造	4190	其他仪器仪表的制造及修理
3769	其他飞行器制造	407	家用视听设备制造	621	软件业
40	通信设备、计算机及其他电子设备制造业	4071	家用影视设备制造	6211	基础软件服务
401	通信设备制造	4072	家用音响设备制造	6212	应用软件服务
4011	通信传输设备制造	409	其他电子设备制造		

表 2 - 6　　　　　　　高技术产业统计资料整理公布格式

行业	对应代码
一、核燃料加工	253
二、信息化学品制造	2665
三、医药制造业	27
其中：化学药品制造	271 + 272
中成药制造	274
生物、生化制品的制造	276
四、航空航天器制造	376
1. 飞机制造及修理	3761
2. 航天器制造	3762
3. 其他飞行器制造	3769
五、电子及通信设备制造业	40 - 404
1. 通信设备制造	401
其中：通信传输设备制造	4011
通信交换设备制造	4012
通信终端设备制造	4013
移动通信及终端设备制造	4014
2. 雷达及配套设备制造	402
3. 广播电视设备制造	403
4. 电子器件制造	405
电子真空器件制造	4051
半导体分立器件制造	4052
集成电路制造	4053
光电子器件及其他电子器件制造	4059
5. 电子元件制造	
6. 家用视听设备制造	406
7. 其他电子设备制造	407
六、电子计算机及办公设备制造业	409
1. 电子计算机整机制造	404 + 4154 + 4155

续表

行业	对应代码
2. 计算机网络设备制造	4041
3. 电子计算机外部设备制造	4042
4. 办公设备制造	4043
七、医疗设备及仪器仪表制造业	4154＋4155
	368＋411＋412＋4141＋419
1. 医疗设备及器械制造	368
2. 仪器仪表制造	411＋412＋4141＋419
八、公共软件服务	6211＋6212

2.2　高技术产业的特征

根据专家预测，21 世纪高技术的发展具有十大基本特征[①]：

1. 极限化——向各个领域、各种意义上的最高限度挺进，可产生各种新的技术、新的产品、新的功能和用途。

2. 精确化——精确化是军事高技术发展的特征，也是民用高技术发展的特征。

3. 智能化——高技术的智能化体现在信息技术领域和材料技术领域。

4. 设计化——如使用毫微技术"移动"分子，按照人的设计来构筑新物质材料；再比如，按照设计图纸排列氨基酸，制造全新的人工蛋白质。

5. 高速化——高技术发展的高速化体现在物理空间和信息空间。

6. 分散化——如个人计算机的出现使许多复杂的信息处理任务可由个人计算机分散地承担，而笔记本型计算机更增加了使用的便利性。

7. 网络化——通信技术发展带来的社会网络化、全球网络化将成为信息社会发展的主要内容。

8. 系统化——高技术的系统化不仅体现在诸如宇宙开发、海洋开发、地下空间开发等巨大系统的技术发展，而且也体现在对以人体为首

---

① 汪亚非：《21 世纪高新技术创新发展特征研究》，载《物流技术》，2001 年第 5 期。

的各种生物体系统的探索研究。

9. 复合化——通过不同技术的复合产生新技术、新产品。

10. 文化化——高技术不仅成为大众文化的容器，而且本身也正在成为大众文化的内容。

高技术的发展特征使高技术产业具有高投入、高风险和高收益等特点，高技术产业是一个相对的、动态的概念，高技术产业具有高渗透性。

2.2.1　高投入、高风险、高收益

高技术能够改变现有技术支撑网络体系，所以高技术产业具有高投入、高风险和高收益等特点。

2.2.1.1　高投入

对高技术进行研究和开发以形成高技术产业，一般要经过三个阶段：实验室成果、中间试验、工业化或产业化。三个阶段中投入资金的比例大致为1∶10∶100，投资规模呈递增的趋势①。高技术产品生命周期短，企业为尽快形成经济规模，以优价垄断市场，一般总是争取尽早地转入批量生产，因此必然快速、大量投资。

另外，高技术是在现代科学技术的基础上由物质资本与智力资本共同作用发展起来的，因此需要大量的知识储备和智力投入。高技术企业研究与开发所需科技人员数量为传统企业的5倍以上，制造、销售等非研究与开发部门所需技术工人比传统企业多70%②。

2.2.1.2　高风险

在高技术中，风险主要来自三个方面：技术风险、市场风险和财务风险。由于高技术科技含量高，往往属于创新，失败的概率较大，所以高技术产业的技术风险高。由于高技术产品开发周期长，而在市场上，高技术产品更新快，所以高技术产业的市场风险高。由于高技术产业的研究开发投资容易成为沉没成本，所以高技术产业的财务风险高。

---

① 王征、李珉：《对我国高新技术风险投资体制的几点认识》，载《国外建材科技》，2002 年第 2 期。

② 周兵、陈兴述等：《高新技术企业财务运作的经济学研究》，重庆出版社 2003 年版。

2.2.1.3　高收益

高技术产品开发和产品化一旦获得成功，投资收益率将大大超过传统产业的收益水平。据统计，高技术产业的成功率平均为 20% 左右，但成功的高技术企业的投入产出比一般达 1∶20～1∶25①。

高技术产业不仅具有显著的经济效益，而且还具有显著的社会效益。如美国是目前世界上计算机装备水平最高的国家，据统计，计算机每年完成的工作量相当于 4000 亿人的工作量，为美国现有人口工作量的 2000 多倍。另外还有许多高技术的效益是潜在的。例如遗传工程技术，到目前为止，投入仍大于产出，但可以预计，一旦技术取得突破，将会带来农业、医药、食品、林业、渔业、能源、化工、矿产等部门翻天覆地的革命。其经济和社会效益是难以衡量的②。

2.2.2　相对性和动态性

因为不同国家以及同一国家在不同时期有不同的技术网络支撑体系，所以高技术还具有相对性。当高技术所需要的支撑网络得以建立并完善化时，它就变成适用技术了③。例如，美国商务部 1977 年曾将收音机、录音机划为高技术产业，1982 年则改为非高技术产业，而将通讯设备、办公计算机等划为高技术产业④。

从表 2-3 和表 2-4 中，可以看出高技术产业是一个动态发展的概念。不管是六分类，还是四分类，都是适应高技术产业高速发展的需要。

2.2.3　高渗透性

高技术的可移植性很强，随着高技术的发展，高技术产业迅速向人

---

① 王征、李珉：《对我国高新技术风险投资体制的几点认识》，载《国外建材科技》，2002 年第 2 期。

② 何继善：《发展高技术及高技术产业提高湖南经济增长的质量和效益》，载《共同走向科学——百名院士科技系列报告集》（下册），新华出版社 1997 年版。

③ 蔡翔：《高技术产业化的动力分析》，载《科学学研究》，1996 年第 2 期。

④ 吴林海：《高技术产业界定的方法和分析》，载《科技进步与对策》，1999 年第 6 期。

类社会生活的各个领域渗透，从整体上提高了社会的智能化水平。高技术的渗透性还体现在促使传统产业实现现代化。汽车工业是传统工业的代表，计算机技术对它的渗透性非常显著。在美国，汽车工业中 50% 以上的设计绘图是由计算机完成的[①]。

从某种程度上讲，高技术的广泛渗透性对经济社会发展的作用比高技术发展导致新兴产业的出现更有意义，这也是高技术与以往几次科技革命的主导技术不同的特征[②]。

2.3　我国高技术产业发展水平的评价

评价我国高技术产业的发展水平，实际上是衡量我国高技术产业的绩效。有关绩效的实证研究，自贝恩（Bain）的开创性研究开始，已经持续了半个多世纪。在贝恩首先提出的结构—行为—绩效范式中，绩效的度量一般采用三类盈利能力指标[③]：

1. 经济利润（Economic Profits）或投资报酬率（Rates of Return on Investment）。

2. 勒纳指数（Lerner Index）或价格—成本加成率（Price – Cost Margin）。

3. 托宾的 q（Tobin's q）。

准确计量真实的盈利能力是很困难的，尽管有很多种度量方法，但每种方法都有缺陷[④]。如表 2 – 7 所示，许多著名的实证研究都采用利润率指标衡量绩效。

---

① 何继善：《发展高技术及高技术产业提高湖南经济增长的质量和效益》，载《共同走向科学——百名院士科技系列报告集》（下册），新华出版社 1997 年版。

② 许继琴：《关于高技术和高技术产业的理论思考》，载《科技进步与对策》，2003 年第 4 期。

③ Church，Jeffrey，Roger Ware，"Industrial Organization—A Strategic Approach"，McGraw – Hill Companies，Inc.，2000.

④ ［英］多纳德·海、德理克·莫瑞森著，张维迎等译：《产业经济学与组织》，经济科学出版社 2001 年版。

表2－7 部分结构—绩效关系实证研究所用指标

年份	研究者	研究样本	绩效指标	结构指标
1951	#贝恩（Bain）	42 个产业	利润率（利润/资本净值）	集中率 CR_8
1956	*贝恩（Bain）	20 个产业	利润率	集中率 CR_4
1966	※曼（Mann）	30 个产业	利润率	集中率 CR_8
1967	※科马诺和威尔逊（Comanor & Wilson）	41 个产业	利润率	集中率 CR_4 CR_8
1969	*柯林斯和普雷斯顿（Collins & Preston）	417 个产业	价格—成本加成率（PCM）	集中率 CR_4
1972	*谢费尔德（Shepherd）	231 个企业	利润率	集中率 CR_4
1973	*德姆赛茨（Demsetz）	95 个产业	利润率	集中率 CR_4
1976	*斯恰兰德和韦斯（Strickland & Weiss）	417 个产业	价格—成本加成率（PCM）	集中率 CR_4
1982	*列恩（Lean）等	70 个企业	价格—成本加成率（PCM）	集中率 CR_2
1984	#克拉克（Clarke）等	29 个产业	价格—成本加成率（PCM）	赫芬达尔指数
1986	*杜马维茨（Domowitz）等	284 个产业	价格—成本加成率（PCM）	集中率 CR_4
1986	*穆尔（Meuller）	551 个企业	利润率	集中率 CR_4
1988	#马丁（Martin）	185 个产业	价格—成本加成率（PCM）	集中率
1989	#科特（Coate）	48 个产业	价格—成本加成率（PCM）	集中率 CR_4
1993	▲马建堂	39 个产业	销售利润率	集中率 CR_4
1994	▲白文杨和李雨	38 个产业	销售利润率	集中率 CR_4 CR_8

续表

年份	研究者	研究样本	绩效指标	结构指标
1998	▲戚聿东	37 个产业	销售利税率、资金利税率、权益利润率	集中率 CR_8
2003	▲殷醒民	28 个产业	产值利润率	集中率 CR_4
2003	▲刘小玄	390 个产业	净资产利润率	集中率 CR_8 赫芬达尔指数
2003	▲魏后凯	521 个产业	资金利润率、销售利润率、成本利润率	集中率 CR_4 CR_8 赫芬达尔指数

注：价格—成本加成率（PCM）相当于销售毛利润率。

资料来源：研究者前加＊是根据刘志彪：《现代产业经济学》，高等教育出版社 2003 年版整理的。

研究者前加#是根据［美］斯蒂芬·马丁著，史东辉等译：《高级产业经济学》，上海财经大学出版社 2003 年版整理的。

研究者前加※是根据［英］多纳德·海、德理克·莫瑞森著，张维迎等译：《产业经济学与组织》，经济科学出版社 2001 年版整理的。

研究者前加▲是根据研究者发表的原始文献整理的。

　　度量绩效还可以使用效率指标替代盈利能力指标，很多的研究考察了劳动生产率和集中之间的关系[1]。绩效、盈利能力、生产率之间的关系如图 2 - 1 所示。生产率处于模型的中心，反映了产出与投入之间的物质关系。盈利能力反映了产出与投入之间的货币关系，包含了价格因素的影响。绩效不但包含盈利能力和生产率，而且包含质量、速度、交货、适应性等非成本因素[2]。从另外一个角度讲，产业绩效是由资源配置效率和技术效率构成的，利润率指标反映了社会资源的静态配置效率，生产率指标则反映了资源利用的动态技术效率[3]。为了全面、准确地反映我国高技术产业绩效，本书使用利润率和生产率指标。

[1]　［英］多纳德·海、德理克·莫瑞森著，张维迎等译：《产业经济学与组织》，经济科学出版社 2001 年版。

[2]　Tangen, Stefan, "Demystifying Productivity and Performance", International Journal of Productivity and Performance Management, 2005, 54（1）: 34 - 46.

[3]　唐要家、唐春晖：《转型中的国有所有权集中与工业产业绩效》，载《经济评论》，2004 年第 5 期。

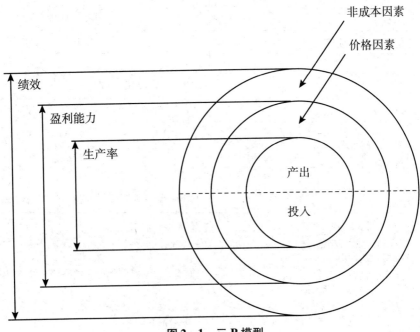

图 2-1   三 P 模型

第 3 章

我国高技术产业生产率和
利润率的测算

要建立探讨高技术产业发展的自组织模型，首先应对我国高技术产业的发展水平进行评价，为此需要对高技术产业的生产率和利润率进行界定和测算。

3.1 生产率的界定

生产率（productivity）一词，于 1766 年首次出现在魁奈（Quesnay）的文章中；一个多世纪后的 1883 年，利特雷（Littré）将其定义为"生产能力"[1]；1950 年，欧洲经济合作组织（OEEC）则进一步将其界定为"产出除以某一生产要素所得的商。"[2] 由此可得到劳动生产率、资本生产率、原材料生产率等指标。

20 世纪 60 年代和 70 年代，肯德里克（Kendrick）在他的《美国生产率的发展趋势》（1961 年出版）[3] 和《美国战后 1948～1969 年生产率发展趋势》（1973 年出版）[4] 两本书中指出，产量和某一特定的投入

---

[1] Tangen, Stefan, "Demystifying Productivity and Performance", International Journal of Productivity and Performance Management, 2005, 54 (1): 34 – 46.

[2] Sumanth, David J., "Productivity Engineering and Management", Mcgraw – Hillbook Company, 1985.

[3] Kendrick, J. W., "Productivity Trends in the United States", Princeton: Princeton University Press, 1961.

[4] Kendrick, J. W., "Postwar Productivity Trends in the United States 1948 – 1969", New York: Columbia University Press, 1973.

量，例如劳动量或资本量之比，只能叫作"部分生产率"，而"部分生产率只能衡量一段时间内，某一特定的投入量的节约，但不能表示生产效率的全部变化。因为投入量结构的变化会影响生产率的全部变化"。要衡量全部投入量的节约或衡量生产效率的变化，就要把产量和包括劳动、资本以及土地在内的全部要素的投入量联系起来。产量和全部要素投入量之比就是他所谓的全要素生产率。

20 世纪 80 年代以来，如表 3 - 1 所示，生产率的定义层出不穷。2004 年，布罗曼（Broman）指出这些定义本质上是相同的。戈巴戴安和赫斯本德（Ghobadian and Husband）曾将这些类似定义分为三类：（1）技术概念：产出与投入之间的关系。（2）工程概念：实际产出与潜在产出之间的关系。（3）经济概念：资源配置效率①。

表 3 - 1 生产率定义举例

年份	作者	定义
1988	丘（Chew）	生产率 = 产出/投入
1989	辛克和塔特尔（Sink and Tuttle）	生产率 = 实际产出/期望使用资源
1990	费希尔（Fisher）	生产率 = 总收入/（成本 + 目标利润）
1991	阿斯彭等（Aspén et al.）	生产率 = 增加值/投入生产要素
1993	希尔（Hill）	生产率 = 产出量/投入的需求量；生产率表示产出量和劳动、资本、原材料、其他资源等投入量之间的关系
1993	瑟罗（Thurow）	生产率 = 产出/工作时间；生产率是决定平均生活水平的主要的长期因素
1997	布诺拉克（Bernolak）	如果使用同样资源生产更多或更好产品，或者生产相同产品使用更少资源，就意味着生产率提高

---

① Tangen, Stefan, "Demystifying Productivity and Performance", International Journal of Productivity and Performance Management, 2005, 54（1）：34 - 46.

续表

年份	作者	定义
1998	卡普兰和库珀（Kaplan and Cooper）	生产率是企业物质产出和物质投入之间的比较
2001	默僧和罗斯塔达斯（Moseng and Rolstadås）	生产率是使用最少资源满足市场对产品和服务需求的能力

资料来源：Tangen, Stefan, "Demystifying Productivity and Performance", International Journal of Productivity and Performance Management, 2005, 54（1）.

文献中常出现多要素生产率（Multi-factor Productivity, MFP）概念，多要素生产率包含了多个投入要素，但不一定包含所有投入要素。而全要素生产率（Total Factor Productivity, TFP）包含了所有投入要素[1]。乔根森（Jorgenson）和格里利切斯（Griliches）使用全要素生产率，美国劳工统计局（U. S. Bureau of Labor Statistics）使用多要素生产率[2]。在实际应用中，使用多要素生产率更意味着包含所有生产要素是很难的[3]，为了行文方便，以下不再区分全要素生产率和多要素生产率而统称为多要素生产率。

3.2　生产率的测算指标

在生产率测算方面，丁伯根（Jan Tinbergen）和索洛（Robert Solow）做了开创性工作，使用生产函数测算生产率，将生产率纳入经济增长分析。格里利切斯（Zvi Griliches）、乔根森（Dale Jorgenson）和迪

① Schreyer, Paul and Dirk Pilat, "Measuring Productivity", Economic Studies, No. 33, Paris: OECD, 2001.

② Diewert, W. Erwin, "Productivity Perspective in Australia: Conclusions and Future Directions", Department of Economics Discussion Paper No. 05 – 05, Vancouver（Canada）: University of British Columbia, 2005.

③ Nordfors, David, "The Role of Journalism in Innovation Systems", Innovation Journalism, 2004, 1（7, 8）.

沃特（Erwin Diewert）做了进一步发展。现在，通过生产理论途径测算生产率已经成功地整合了企业理论、指数理论、国民收入核算理论等[1]。

迪沃特（Diewert，2000）认为，由于统计上的原因，测算国家层次的生产率比测算行业层次的生产率更容易、更精确。

表3-2归纳了几种常用的生产率测算指标，这些指标可以测算生产率的增长率，也可以测算生产率水平。生产率可以表示技术进步、效率、实际成本节省、标准生产工艺、生活水平等[2]。在实际应用中，一般根据测算目的和数据获得的可能性选择具体测算指标。

生产率最常用的测算指标有：基于总产值的资本—劳动—能源—原材料—服务多要素生产率（KLEMS MFP）、基于增加值的资本—劳动多要素生产率（Capital-labour MFP）、基于增加值的劳动生产率[3]。本书使用基于增加值的 Capital-labour MFP 和基于增加值的劳动生产率两个指标。

由于资本生产率指标不常用，另外资本理论是经济理论中最有争议的理论之一，经济学家对于资本的定义非常多[4]，本书不使用资本生产率指标。

尽管基于总产值的 KLEMS MFP 指标是最常用的生产率测算指标，但不被本书使用。其原因为：第一，缺乏中间投入数据。第二，"目前关于中国国有企业生产率的争论之一便是集中在对中间投入品应采用什么样的价格指数上。"[5] 因此，即使有中间投入数据，仍难于确定采用的价格指数。第三，国外学者马哈德万和雷努卡（Mahadevan and Renuka，2003）认为，测算行业层次的生产率，因为总产值中包含的中间投入在行业之间变化很大，所以最好使用增加值，而不使用总产值。

---

[1] OECD, "Measuring Productivity：Measurement of Aggregate and Industry – Level Productivity Growth", OECD Manual, Paris：OECD, 2001.

[2] OECD, "Measuring Productivity：Measurement of Aggregate and Industry – Level Productivity Growth", OECD Manual, 2001.

[3] Schreyer, Paul and Dirk Pilat, "Measuring Productivity", Economic Studies, No. 33, Paris：OECD, 2001.

[4] 王玲：《中国工业行业资本存量的测度》，载《世界经济统计研究》，2004 年第 1 期。

[5] 黄益平、宋立刚：《应用数量经济学》，上海人民出版社 2001 年版。

表 3 – 2　　　　　　　　　　生产率的主要测算指标

产出指标	投入指标			
	劳动	资本	资本和劳动	资本、劳动、中间投入（能源、原材料、服务）
总产值	劳动生产率（基于总产值）	资本生产率（基于总产值）	资本 – 劳动 MFP（基于总产值）	KLEMS MFP（基于总产值）
增加值	劳动生产率（基于增加值）	资本生产率（基于增加值）	资本 – 劳动 MFP（基于增加值）	—
	单要素生产率		多要素生产率（MFP）	

资料来源：Schreyer, Paul and Dirk Pilat, "Measuring Productivity", OECD Economic Studies, No. 33, 2001, OECD, "Measuring Productivity: Measurement of Aggregate and Industry – Level Productivity Growth", OECD Manual, 2001.

3.3　多要素生产率的测算方法

多要素生产率的测算方法如表 3 – 3 所示。

表 3 – 3　　　　　　　　　　多要素生产率的测算方法

非前沿面法		前沿面法	
非参数法（指数分析法）	参数法（计量经济学估计法）	非参数法（指数分析法）	参数法（计量经济学估计法）
＊增长核算方程 ＊Divisia 指数 ＊Exact 指数 ＊Tornqvist 指数	＊普通最小二乘法（OLS）	＊DEA（Malmquist生产率指数）	＊随机前沿面分析法（SFA） ＊修正最小二乘法（COLS）

资料来源：根据 Oyeranti, Gboyega A., "Concept and Measurement of Productivity", CBN Economic and Financial Review, 2000, 9TH ACZRU PAPER 1. 和 Mahadevan, Renuka, "New Currents in Productivity Analysis: Where to Now", Tokyo (Japan)：Asian Productivity Organization, 2003 等多种文献整理。

1957 年，法雷尔（Farrell，1957）首先提出了生产率测算的前沿面法（The Frontier Approach）。根据前沿面可以衡量生产单位的技术效率。如图 3 - 1 所示，F_1 和 F_2 分别是时期 1 和时期 2 的生产前沿面。从 A 点往前沿面上 B 点的移动表示技术效率，是边学边干（learning-by-doing process）、新技术扩散（diffusion of new technology）、管理水平的提高等知识积累的结果。

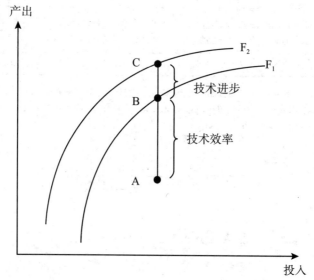

图 3 - 1　测算 MFP 的前沿面法和非前沿面法

非前沿面法（The Non-frontier Approach）没有考虑技术非效率，隐含着长期均衡假设，生产单位因为有时间学习和适当调整投入和技术水平而具有完全效率。所以，非前沿面法只考虑从 B 点到 C 点的移动，即只考虑技术进步。而前沿面法既考虑技术进步（生产前沿面的移动），又考虑技术效率（向生产前沿面的移动）。后者所测生产率增长不一定高于前者，因为技术效率可正可负。

另外，前沿面法最适合描述行业或企业行为，非前沿面法起初用于估计整个经济的总生产率增长，后来逐渐用于不同的部门或行业分析①。

---

① Mahadevan, Renuka, "New Currents in Productivity Analysis: Where to Now", Tokyo (Japan): Asian Productivity Organization, 2003.

本书选用前沿面法。这种选择不仅基于以上原因，而且基于以下对非前沿面法和前沿面法的全面比较分析。

3.3.1　非前沿面法

对于非前沿面法，指数分析法（Index Number Approach）和计量经济学估计法（Econometric Approach）是测算生产率的两个主要途径[1][2]。

3.3.1.1　指数分析法

指数分析法，亦称增长核算法（Growth Accounting），起源于诺贝尔经济学奖获得者索洛（Solow）的贡献。1957 年，索洛将产出 Y（用增加值表示）和劳动 L、资本 K 之间的关系表示为[3]：

$$\frac{dlnY}{dt} = s_L \frac{dlnL}{dt} + s_K \frac{dlnK}{dt} + \frac{dlnA}{dt} \qquad (3-1)$$

式中：s_L、s_K 分别为劳动和资本支出占总成本的比重。MFP 增长（A 的变化率）为产出增长中不能用要素增长解释的剩余部分。

乔根森（Jorgenson）和格里利切斯（Griliches）改进了索洛框架：将两投入单产出推广到多投入多产出、使用更复杂的指数公式（Törnqvist Theil 指数）、采用资本的租赁价或使用成本作为资本投入的价格权数等。索洛模型中大量无法解释的剩余也激励着经济学家们更深入探索剩余，使索洛的模型更复杂。索洛简单的新古典增长理论被挑战，产生了内生增长理论[4]。

---

①　Diewert, W. Erwin, "Productivity Perspective in Australia: Conclusions and Future Directions", Department of Economics Discussion Paper No. 05-05, Vancouver (Canada): University of British Columbia, 2005.

②　Oyeranti, Gboyega A., "Concept and Measurement of Productivity", CBN Economic and Financial Review, 2000, 9TH ACZRU PAPER 1.

③　Schreyer, Paul and Dirk Pilat, "Measuring Productivity", Economic Studies, No. 33, Paris: OECD, 2001.

④　Kim, Seok-Hyeon, "Impacts of Information Technology on Productivity and Linkage of the US Economy [PhD dissertation]", Indiana (USA): University of Notre Dame, 2004.

生产率测算指标之间的差异，通过生产函数可以很容易地反映出来[1]。根据指数分析法，基于总产值的 KLEMS MFP、基于增加值的 Capital-labour MFP、基于增加值的劳动生产率等三种生产率常用测算指标可以用生产函数描述如下：

1. 基于总产值的 KLEMS MFP。

在一个特定生产单位（企业、行业、地区或国家）中，投入的资本 K、劳动 L、中间投入 M（包括能源、原材料、服务等）、技术进步 A 等与最大产出 Y 之间的关系为：

$$Y = H(A, K, L, M) \tag{3-2}$$

当技术进步为希克斯中性（Hicks-neutral）[2] 时，

$$Y = H(A, K, L, M) = A \cdot F(K, L, M) \tag{3-3}$$

由上式得：

$$\frac{dlnY}{dt} = \frac{dlnA}{dt} + \frac{K}{F}\frac{\partial F}{\partial K}\frac{dlnK}{dt} + \frac{L}{F}\frac{\partial F}{\partial L}\frac{dlnL}{dt} + \frac{M}{F}\frac{\partial F}{\partial M}\frac{dlnM}{dt} \tag{3-4}$$

假定产品市场和要素市场都是完全竞争的，产品价格为 P，资本、劳动、中间投入的价格分别为 r、w、p_M，则利润函数为：

$$\pi = PY - rK - wL - p_M M \tag{3-5}$$

利润最大化的一阶条件为：

$$P\frac{\partial Y}{\partial K} = PA\frac{\partial F}{\partial K} = r$$

$$P\frac{\partial Y}{\partial L} = PA\frac{\partial F}{\partial L} = w \tag{3-6}$$

$$P\frac{\partial Y}{\partial M} = PA\frac{\partial F}{\partial M} = p_M$$

将式（3-6）代入式（3-4）得：

$$\frac{dlnY}{dt} = \frac{dlnA}{dt} + \frac{rK}{PY}\frac{dlnK}{dt} + \frac{wL}{PY}\frac{dlnL}{dt} + \frac{p_M M}{PY}\frac{dlnM}{dt} \tag{3-7}$$

---

[1] OECD, "Measuring Productivity: Measurement of Aggregate and Industry – Level Productivity Growth", OECD Manual, 2001.

[2] 英国经济学家希克斯认为：在技术进步过程中，若资本与劳动投入数量比（K/L）保持不变时，资本对劳动（或劳动对资本）的边际替代率也保持不变，则这样的技术进步为中性技术进步。人们称这种形态的中性技术进步为希克斯中性技术进步。参见 Hicks, J. R., "The theory of wages", London: MacMillan, 1932: 119 – 135, 233 – 246.

MFP 增长表示 A 的变化率，根据式（3 - 7），基于总产值的 KL-EMS MFP 变化率为：

$$\frac{\mathrm{dlnA}}{\mathrm{dt}} = \frac{\mathrm{dlnY}}{\mathrm{dt}} - \frac{\mathrm{rK}}{\mathrm{PY}}\frac{\mathrm{dlnK}}{\mathrm{dt}} - \frac{\mathrm{wL}}{\mathrm{PY}}\frac{\mathrm{dlnL}}{\mathrm{dt}} - \frac{\mathrm{p_M M}}{\mathrm{PY}}\frac{\mathrm{dlnM}}{\mathrm{dt}}$$

$$= \frac{\mathrm{dlnY}}{\mathrm{dt}} - s_K\frac{\mathrm{dlnK}}{\mathrm{dt}} - s_L\frac{\mathrm{dlnL}}{\mathrm{dt}} - s_M\frac{\mathrm{dlnM}}{\mathrm{dt}} \qquad (3-8)$$

式中 s_K、s_L、s_M 分别表示各要素收入占总收入的比重。

根据式（3 - 6），要素的全部报酬为：

$$rK + wL + p_M M = P\left(\frac{\partial Y}{\partial K}K + \frac{\partial Y}{\partial L}L + \frac{\partial Y}{\partial M}M\right) \qquad (3-9)$$

当规模报酬不变，也就是生产函数为一次齐次式[①]时，根据欧拉定理：

$$Y = \frac{\partial Y}{\partial K}K + \frac{\partial Y}{\partial L}L + \frac{\partial Y}{\partial M}M \qquad (3-10)$$

将式（3 - 10）代入式（3 - 9）得：

$$rK + wL + p_M M = PY \qquad (3-11)$$

故：

$$s_K + s_L + s_M = \frac{rK + wL + p_M M}{PY} = 1 \qquad (3-12)$$

2. 基于增加值的 Capital-labour MFP。

当一个企业的产出是另一个企业的投入时，对于包含这两个企业的行业或整个经济来说，由于无法排除重复计算，所以无法准确测算基于总产值的总 MFP 变化率。而基于增加值的 MFP 不存在这一问题。实际增加值可以定义为[②]：

$$\frac{\mathrm{dlnVA}}{\mathrm{dt}} \equiv \frac{1}{s_{VA}}\left(\frac{\mathrm{dlnY}}{\mathrm{dt}} - s_M\frac{\mathrm{dlnM}}{\mathrm{dt}}\right) .$$

式中 s_{VA} 表示按当年价格计算的增加值占总产出的比重。代入式（3 - 8）可以得到基于增加值的 Capital-labour MFP 变化率，即：

---

① 对于一种生产函数，如果投入的所有生产要素变化 λ 倍，而产量也同方向变化 $λ^n$ 倍，则称这样的生产函数为齐次生产函数，若 n = 1，为一次齐次生产函数或线性齐次生产函数。

② Schreyer, Paul and Dirk Pilat, "Measuring Productivity", Economic Studies, No. 33, Paris: OECD, 2001.

$$\frac{dlnA^{VA}}{dt} = \frac{dlnVA}{dt} - s_K^{VA}\frac{dlnK}{dt} - s_L^{VA}\frac{dlnL}{dt} \qquad (3-13)$$

其中：$s_K^{VA} = \frac{s_K}{s_{VA}}$，$s_L^{VA} = \frac{s_L}{s_{VA}}$。

实际上，由式（3-8）和式（3-13）得：

$$\frac{dlnA^{VA}}{dt} = \frac{1}{s_{VA}}\frac{dlnA}{dt} \qquad (3-14)$$

由式（3-14）可知，尽管基于增加值的 MFP 和基于总产值的 MFP 的概念不同，而且由于 $s_{VA} \leqslant 1$，前者一般大于后者，但两者直接相关。如果 s_{VA} 不变，基于增加值的 MFP 的变化可以反映基于总产值的 MFP 的变化。

3. 基于增加值的劳动生产率。

根据式（3-13）可以推导出基于增加值的劳动生产率，即：

$$\frac{dlnVA}{dt} - \frac{dlnL}{dt} = \frac{dlnA^{VA}}{dt} + s_K^{VA}\frac{dlnK}{dt} + (s_L^{VA} - 1)\frac{dlnL}{dt} \qquad (3-15)$$

3.3.1.2 计量经济学估计法

测算生产率的计量经济学估计法可以追溯到丁伯根（Jan Tinbergen）。1942 年，丁伯根使用计量经济学估计一个将时间作为外生变量的总生产函数。时间的系数被解释为生产率增长。这种方法至今仍广泛使用[1]。计量经济学估计法只需投入产出的观测值，不需提前假定生产弹性和收入份额之间关系，实际上，计量经济学估计法可以检验这种关系。与指数分析法不同，计量经济学估计法不需要假设技术进步为希克斯中性、生产函数为规模报酬不变[2][3]。

上述两种途径都存在问题：指数分析法假定规模报酬不变和完全竞争。计量经济学估计法尽管没有指数分析法的约束，但是不能处理大量

---

① Diewert, W. Erwin, "Productivity Perspective in Australia: Conclusions and Future Directions", Department of Economics Discussion Paper No. 05 – 05, Vancouver（Canada）: University of British Columbia, 2005.

② Schreyer, Paul and Dirk Pilat, "Measuring Productivity", Economic Studies, No. 33, Paris: OECD, 2001.

③ OECD, "Measuring Productivity: Measurement of Aggregate and Industry – Level Productivity Growth", OECD Manual, Paris: OECD, 2001.

投入和产出，而且其结果往往不能再现。一般认为，计量经济学估计法最适合对生产率增长的一次性学术研究，指数分析法适合周期性的生产率统计，计量经济学估计法是指数分析法的有益补充①。

3.3.2　前沿面法

在图 3 - 2 中，横轴表示典型生产单位的投入，纵轴表示典型生产单位的产出。

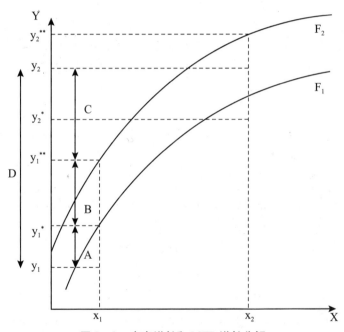

图 3 - 2　产出增长和 MFP 增长分解

假定典型生产单位在时期 1 和时期 2 的生产前沿面分别为 F_1 和 F_2。则在时期 2 和时期 1，实际产出之差为②：

---

①　Schreyer, Paul and Dirk Pilat, "Measuring Productivity", Economic Studies, No. 33, Paris: OECD, 2001.

②　Mahadevan, Renuka, "New Currents in Productivity Analysis: Where to Now", Tokyo (Japan): Asian Productivity Organization, 2003.

$$y_2 - y_1 = D = A + B + C = (y_1^* - y_1) + (y_1^{**} - y_1^*) + (y_2 - y_1^{**})$$
$$= [(y_1^* - y_1) - (y_2^{**} - y_2)] + (y_1^{**} - y_1^*) + (y_2^{**} - y_1^{**})$$
$$= 技术效率变化 + 技术进步变化 + y_x^* = MFP 增长 + y_x^*$$

其中 y_x^* 为随着投入的增加，沿着生产前沿面 F_2 移动后产出的变化。

和非前沿面法类似，在前沿面法里也使用参数法或非参数法。非参数法主要使用数据包络分析法（Data Envelopment Analysis，DEA），参数法主要使用随机前沿分析法（Stochastic Frontier Analysis，SFA）和修正最小二乘法（Corrected OLS，COLS）。与参数法相比，DEA 法不需要确定投入产出之间关系的具体形式，完全根据数据分析[1]。DEA 法可以处理多产出[2]。但 DEA 法不允许有随机变量，因此不适合于环境有噪音的情况。另外，DEA 法对异常值（outlier）敏感[3]。对于参数法来说，艾格纳、洛弗尔和施密特等（Aigner，Lovell and Schmidt et al.，1977）；米奥森和布罗克（Meeusen and Broeck，1977）；巴蒂斯和科拉（Battese and Corra，1977）在 1977 年分别提出的随机前沿生产函数（Stochastic Frontier Production Function），不但考虑了统计噪音，而且可以检验关于生产技术结构和非效率方面的假设[4]。

尽管都是参数法，实证研究结果表明，当随机前沿分析法估计效率水平为 90% 时，修正最小二乘法估计为 69%，过度估计了无效率[5]。本书采用更常使用的随机前沿分析法估计多要素生产率。

---

[1] Griffin, Paul M. and Paul H. Kvam, "A Quantile – Based Approach for Relative Efficiency Measurement," Managerial and Decision Economics, 1999, 20: 403 – 410.

[2] Mahadevan, Renuka, "New Currents in Productivity Analysis: Where to Now", Tokyo (Japan): Asian Productivity Organization, 2003.

[3] London Economics, "Efficiency and benchmarking study of the NSW distribution businesses", Research Paper No. 13, Sydney: Independent Pricing and Regulatory Tribunal of New South Wales, 1999.

[4] Rungsuriyawiboon, Supawat, "Dynamic Efficiency Model: an Analysis of Efficiency and Deregulation in the U. S. Electricity Industry [PhD dissertation]", University Park (USA): The Pennsylvania State University, 2003.

[5] Street, Andrew, "How Much Confidence Should We Place in Efficiency Estimates", Health Economics, 2003, 12: 895 – 907.

3.4　我国高技术产业的生产率的测算

3.4.1　我国高技术产业的多要素生产率

3.4.1.1　计量模型

基于巴蒂斯和科奥利（Battese and Coelli，1992）提出的随机前沿生产函数模型，假定一个特定生产单位 i 的前沿生产函数为：

$$Y_i = AK_i^{\alpha}L_i^{\beta}\exp(v_i - u_i) \tag{3-16}$$

其中：v_i 是对称性随机误差项，服从独立同分布（Independently and Identically Distributed，IID）的正态分布 $N(0, \sigma_v^2)$；u_i 是非负随机误差项，表示特定生产单位 i 的技术非效率，服从独立同分布的截断正态分布 $N(\mu, \sigma_u^2)$。v_i 与 u_i 之间是相互独立的。令：

$$\sigma^2 = \sigma_v^2 + \sigma_u^2$$

$$\gamma = \frac{\sigma_u^2}{\sigma^2}$$

$$0 \leqslant \gamma \leqslant 1$$

当 $\gamma = 0$ 时，生产函数的误差项的所有变化都是 v_i 引起的；$\gamma = 1$ 时，生产函数的误差项的所有变化都是 u_i 引起的。

对式（3-16）两边取对数得：

$$\ln Y_i = \ln A + \alpha \ln K_i + \beta \ln L_i + v_i - u_i \tag{3-17}$$

式（3-17）中的参数可运用最大似然法（Maximum Likelihood，ML）估计。

对式（3-17）求导得：

$$\frac{d\ln Y_i}{dt} = \frac{d\ln A}{dt} + \alpha \frac{d\ln K_i}{dt} + \beta \frac{d\ln L_i}{dt} - \frac{\partial u_i}{\partial t} + \frac{\partial v_i}{\partial t} \tag{3-18}$$

根据索洛剩余得：

$$\frac{d\ln MFP_i}{dt} = \frac{d\ln Y_i}{dt} - \alpha \frac{d\ln K_i}{dt} - \beta \frac{d\ln L_i}{dt} - \frac{\partial v_i}{\partial t} \tag{3-19}$$

由式（3-16）可以得到技术效率水平为：$TE_i = \exp(-u_i)$，则：

$$\frac{d\ln TE_i}{dt} = -\frac{\partial u_i}{\partial t} \qquad (3-20)$$

根据式（3-18）、式（3-19）、式（3-20）得：

$$\frac{d\ln MFP_i}{dt} = \frac{d\ln A}{dt} + \frac{d\ln TE_i}{dt} \qquad (3-21)$$

在式（3-21）右边，第一项为技术进步变化率，第二项为技术效率变化率。

多要素生产率水平为：

$$MFP_i = A \times TE_i \qquad (3-22)$$

3.4.1.2　样本数据

样本数据来源于国家统计局下属的北京华通人市场信息公司编、中国外文出版社出版的《2005 中国市场年鉴》。《2005 中国市场年鉴》资料来源于中国国家统计局，数据的统计范围是全部国有工业企业及年产品销售收入 500 万元人民币以上的非国有工业企业。《2005 中国市场年鉴》中没有包括《高技术产业统计分类目录》中的核燃料加工（2530）、信息化学品制造（2665）、口腔科用设备及器具制造（3682）、航空航天器制造（376）、雷达及配套设备制造（402）、农林牧渔专用仪器仪表制造（4124）、核子及核辐射测量仪器制造（4127）、其他专用仪器制造（4129）、其他仪器仪表的制造及修理（4190）、软件业（621）。

1. 总产出 Y。

本书使用基于增加值的资本—劳动多要素生产率（Capital-labour MFP）指标，因此使用工业增加值表示总产出 Y。《2005 中国市场年鉴》中没有工业增加值数据，根据下式进行换算[①]：

工业增加值 = 劳动生产率 × 平均职工人数

2. 资本 K。

对于资本来说，在生产过程中所提供的是服务流而非存量。流动资

---

① 北京华通人市场信息公司：《2005 中国市场年鉴》，中国外文出版社 2004 年版。

本以服务流的形式进入生产中。固定资本服务在实际中难以直接度量，一般使用固定资本的存量度量其流量，但必须满足两个假定①：

（1）固定资本服务流（资本投入）与固定资本存量成比例；

（2）在固定资本相对构成不变的条件下，不同资本的服务价格与购置价格成比例。

国际上通行的固定资本存量估计方法是永续盘存法（Perpetual Inventory Method，PIM），而目前中国官方没有公布利用 PIM 计算的资本存量数据，只公布固定资本原值和固定资本净值两项指标。由于缺乏相关的数据，利用 PIM 计算中国资本存量非常困难②。

本书使用《2005 中国市场年鉴》中提供的总资产表示资本 K。

3. 劳动 L。

本书使用平均职工人数表示劳动 L，《2005 中国市场年鉴》中没有平均职工人数数据，根据下式进行换算：

平均职工人数 =（年初职工人数 + 年末职工人数）/2

2003 年，我国高技术产业 48 个四位数行业的相应数据见表 3 - 4。

表 3 - 4　　　高技术产业的工业增加值、总资产和职工人数

行业代码	工业增加值（百万元）	总资产（百万元）	平均职工人数（人）
2710	21250. 16	123605	308018. 00
2720	33366. 96	117426	310621. 50
2730	8183. 62	25536	91683. 00
2740	23952. 76	108219	258139. 50
2750	1962. 33	6809	32048. 50
2760	9284. 36	39659	74465. 50
2770	2998. 81	10390	62815. 50
3681	3787. 01	10212	29960. 50
3683	199. 14	1078	4590. 50

① 毛军：《我国资本存量估算方法比较与重估》，载《河南社会科学》，2005 年第 2 期。
② 王玲：《中国工业行业资本存量的测度》，载《世界经济统计研究》，2004 年第 1 期。

续表

行业代码	工业增加值（百万元）	总资产（百万元）	平均职工人数（人）
3684	2077.11	5758	37018.50
3685	162.50	994	2522.50
3686	363.19	1215	4396.50
3689	307.66	1471	5152.50
4011	4808.07	29683	48753.50
4012	32219.24	93560	71934.00
4013	9433.71	31813	110027.00
4014	30542.32	118009	64026.00
4019	7371.77	29695	80884.00
4031	398.89	2785	7402.00
4032	1022.64	3766	21452.50
4039	101.83	613	1309.00
4041	30586.18	126337	117031.50
4042	2605.88	10438	19473.00
4043	45391.35	141496	302548.50
4051	18689.35	102746	114469.00
4052	6368.84	21180	90466.50
4053	12932.48	68200	87328.50
4059	6766.39	33530	73213.50
4061	40016.91	164384	732642.00
4062	8277.97	37840	89870.50
4071	31954.55	114674	212435.50
4072	10171.78	31002	160539.50
4090	9347.96	33007	105258.00
4111	4459.98	22869	63406.00
4112	3323.19	12114	42775.00
4113	897.29	2448	18327.00
4114	779.39	3696	14327.00
4115	361.35	1329	10416.50
4119	1756.58	7967	31267.00
4121	397.13	1793	4621.50

行业代码	工业增加值（百万元）	总资产（百万元）	平均职工人数（人）
4122	1235.05	4655	13762.50
4123	280.50	4355	10163.00
4125	426.95	1278	5701.00
4126	389.08	952	4711.50
4128	843.36	3459	17548.00
4141	3105.68	15885	81109.50
4154	8793.43	12219	31932.00
4155	2561.23	7027	53027.50

资料来源：根据北京华通人市场信息公司：《2005 中国市场年鉴》，中国外文出版社 2004 年版整理。

3.4.1.3　实证结果

使用 FRONTIER 4.1 软件，对式（3 - 17）中的参数进行估计，结果见表 3 - 5。

表 3 - 5　　　　　　　　　　Frontier 4.1 估计结果

参数	估计值	标准差	t 检验值
$\ln A$	-1.8778	0.3927	-4.7818 ***
α	0.8317	0.0823	10.1050 ***
β	0.2161	0.0946	2.2829 **
σ^2	0.3663	0.1966	1.8634 *
γ	0.8062	0.1627	4.9546 ***
μ	-1.0869	0.7463	-1.4564

log likelihood function = -13.9658 ***
LR test of the one-sided error = 1.6710

注：* 表示在 10% 水平下显著，** 表示在 5% 水平下显著，*** 表示在 1% 水平下显著。

LR 为似然比检验统计量，此处它符合混合卡方分布（Mixed Chi-squared Distribution）。

从表 3 - 5 中可以发现：

（1）$\gamma = 0.8062$，并且在 1% 水平下显著不为零，说明使用随机前沿分析法是必需的。

（2）资本和劳动的产出弹性分别为：$\alpha = 0.8317$，$\beta = 0.2161$，即总资产增长 1%，可促进工业增加值增长 0.83%；平均职工人数增长 1%，可促进工业增加值上升约 0.22%。因此，在高技术产业增长中，资本投入最重要。

（3）$\alpha + \beta = 1.0478 > 1$，说明高技术产业规模报酬递增。当资本和劳动都增加 1% 时，工业增加值的增加大于 1%。

根据 Frontier 4.1 估计的技术效率水平和根据式（3 - 22）计算的多要素生产率见表 3 - 6。

表 3 - 6　　　　　高技术产业的技术效率和多要素生产率

行业代码	技术效率	多要素生产率
2710	0.7172	0.1097
2720	0.8579	0.1312
2730	0.8789	0.1344
2740	0.8069	0.1234
2750	0.8625	0.1319
2760	0.8445	0.1291
2770	0.8487	0.1298
3681	0.9069	0.1387
3683	0.7816	0.1195
3684	0.8877	0.1358
3685	0.7796	0.1192
3686	0.8891	0.1360
3689	0.8239	0.1260
4011	0.7538	0.1153
4012	0.9167	0.1402
4013	0.8662	0.1325

续表

行业代码	技术效率	多要素生产率
4014	0.8950	0.1369
4019	0.8428	0.1289
4031	0.7111	0.1087
4032	0.8488	0.1298
4039	0.8024	0.1227
4041	0.8689	0.1329
4042	0.8687	0.1328
4043	0.8834	0.1351
4051	0.7987	0.1221
4052	0.8641	0.1321
4053	0.8074	0.1235
4059	0.8021	0.1227
4061	0.7897	0.1208
4062	0.8174	0.1250
4071	0.8682	0.1328
4072	0.8688	0.1329
4090	0.8610	0.1317
4111	0.7820	0.1196
4112	0.8599	0.1315
4113	0.8908	0.1362
4114	0.8090	0.1237
4115	0.8451	0.1292
4119	0.8105	0.1239
4121	0.8494	0.1299
4122	0.8686	0.1328
4123	0.3954	0.0605

续表

行业代码	技术效率	多要素生产率
4125	0.8968	0.1371
4126	0.9157	0.1400
4128	0.8317	0.1272
4141	0.7441	0.1138
4154	0.9475	0.1449
4155	0.8832	0.1351

2003 年，我国高技术产业的 48 个四位数行业中，复印和胶印设备制造业（行业代码为 4154）的技术效率和多要素生产率最高，分别为 0.9475 和 0.1449。导航、气象及海洋专用仪器制造业（行业代码为 4123）的技术效率和多要素生产率最低，分别为 0.3954 和 0.0605。总体情况如图 3-3 和图 3-4 所示。

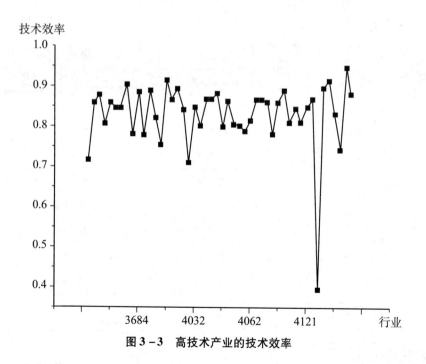

图 3-3　高技术产业的技术效率

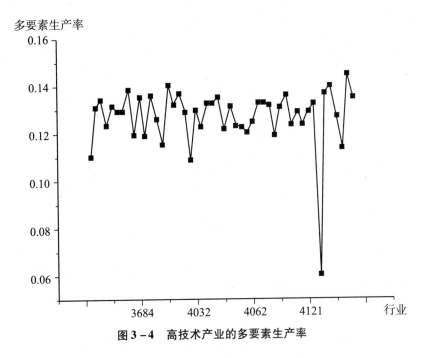

图3-4　高技术产业的多要素生产率

3.4.2　我国高技术产业的劳动生产率

劳动生产率＝工业增加值/平均职工人数，数据来源于《2005中国市场年鉴》，见表3-7。

表3-7　　　　　　　　高技术产业的劳动生产率

行业代码	劳动生产率（千元/人）
2710	68.99
2720	107.42
2730	89.26
2740	92.79
2750	61.23
2760	124.68
2770	47.74
3681	126.40

行业代码	劳动生产率（千元/人）
3683	43.38
3684	56.11
3685	64.42
3686	82.61
3689	59.71
4011	98.62
4012	447.90
4013	85.74
4014	477.03
4019	91.14
4031	53.89
4032	47.67
4039	77.79
4041	261.35
4042	133.82
4043	150.03
4051	163.27
4052	70.40
4053	148.09
4059	92.42
4061	54.62
4062	92.11
4071	150.42
4072	63.36
4090	88.81
4111	70.34
4112	77.69
4113	48.96
4114	54.40
4115	34.69
4119	56.18
4121	85.93
4122	89.74

续表

行业代码	劳动生产率（千元/人）
4123	27.60
4125	74.89
4126	82.58
4128	48.06
4141	38.29
4154	275.38
4155	48.30

资料来源：北京华通人市场信息公司：《2005 中国市场年鉴》，中国外文出版社 2004 年版。

　　2003 年，我国高技术产业的 48 个四位数行业中，移动通信及终端设备制造业（行业代码为 4014）的劳动生产率最高，为 477.03 千元/人。导航、气象及海洋专用仪器制造业（行业代码为 4123）的劳动生产率最低，为 27.6 千元/人。总体情况如图 3-5 所示。

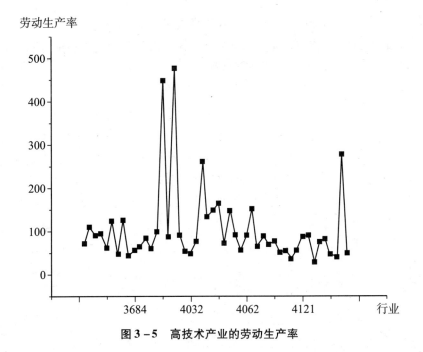

图 3-5　高技术产业的劳动生产率

3.5 我国高技术产业的利润率

样本数据来源于国家统计局下属的北京华通人市场信息公司编、中国外文出版社出版的《2005 中国市场年鉴》。

2002 年 5 月 10 日，国家质量监督检验检疫总局批准了国家统计局重新修订的国家标准《国民经济行业分类》（GB/T4754 - 2002），于 10 月 1 日正式实施。根据具体情况，国家统计局在《国家统计局关于布置 2002 年统计年报和 2003 年定期报表制度的通知》（国统字［2002］35 号）中规定，从 2003 年统计定期报表开始，统一使用新的《国民经济行业分类》国家标准（GB/T4754 - 2002）。由于北京华通人市场信息公司编的其他年份《中国市场年鉴》依据的是老的《国民经济行业分类与代码》国家标准（GB/T4754 - 94），行业代码表示的行业与《2005 中国市场年鉴》不一致，所以本书没有采纳其他年份《中国市场年鉴》中的数据。

如表 3 - 8 所示，在 2003 年我国高技术产业的 48 个四位数行业中，赢利企业百分数最低的为广播电视节目制作及发射设备制造业（行业代码为 4031），有 60.00% 的企业赢利；最高的为环境监测专用仪器仪表制造业（行业代码为 4121），有 96.55% 的企业赢利。销售利润率最低的为光电子器件及其他电子器件制造业（行业代码为 4059）的 1.78%；最高的为汽车及其他用计数仪表制造业（行业代码为 4122）的 12.72%。资产利润率最低的为导航、气象及海洋专用仪器制造业（行业代码为 4123）的 0.62%；最高的为教学专用仪器制造业（行业代码为 4126）的 12.67%。权益利润率最低的为导航、气象及海洋专用仪器制造业（行业代码为 4123）的 1.53%；最高的为电子计算机整机制造业（行业代码为 4041）的 31.62%。三种利润率的总体情况如图 3 - 6 所示。

表 3 - 8   高技术产业的利润率

行业代码	赢利企业百分数	利润（百万元）	销售收入（百万元）	销售利润率（%）	资产利润率（%）	权益利润率（%）
2710	75. 21	5550	77276	7. 18	4. 49	11. 16
2720	74. 34	8507	84947	10. 01	7. 24	15. 60
2730	81. 47	1491	15625	9. 54	5. 84	11. 89
2740	76. 73	6710	60293	11. 13	6. 20	12. 65
2750	81. 47	418	5439	7. 69	6. 14	14. 93
2760	81. 82	2590	22842	11. 34	6. 53	12. 56
2770	85. 52	697	8646	8. 06	6. 71	12. 54
3681	84. 51	788	8623	9. 14	7. 72	14. 91
3683	83. 33	39	745	5. 23	3. 63	7. 42
3684	82. 67	508	6278	8. 09	8. 82	18. 67
3685	82. 76	66	681	9. 69	6. 66	17. 55
3686	62. 16	32	1089	2. 94	2. 63	5. 69
3689	80. 88	167	1615	10. 34	11. 38	20. 89
4011	81. 41	1186	22024	5. 39	4. 00	12. 42
4012	75. 17	6332	72293	8. 76	6. 77	17. 05
4013	70. 90	1103	34593	3. 19	3. 47	9. 31
4014	81. 82	8609	201553	4. 27	7. 30	17. 30
4019	78. 12	2215	20640	10. 73	7. 46	14. 71
4031	60. 00	33	1328	2. 48	1. 18	6. 26
4032	84. 26	229	4605	4. 97	6. 08	14. 62
4039	82. 61	34	772	4. 40	5. 58	12. 79
4041	71. 76	7598	324675	2. 34	6. 01	31. 62
4042	81. 54	458	8084	5. 67	4. 39	11. 51
4043	73. 85	7582	262160	2. 89	5. 36	15. 79
4051	81. 82	4847	76105	6. 37	4. 72	10. 63

续表

行业代码	赢利企业百分数	利润（百万元）	销售收入（百万元）	销售利润率（%）	资产利润率（%）	权益利润率（%）
4052	72.68	935	14366	6.51	4.41	11.64
4053	77.25	1035	46461	2.23	1.52	3.13
4059	76.97	680	38238	1.78	2.03	5.23
4061	79.26	8512	159260	5.34	5.18	11.25
4062	80.63	1493	37623	3.97	3.94	9.86
4071	70.04	3948	163736	2.41	3.44	9.78
4072	77.40	2081	63684	3.27	6.71	18.50
4090	80.68	2398	28711	8.35	7.26	17.14
4111	80.33	1228	15932	7.71	5.37	13.43
4112	79.79	662	10768	6.15	5.46	13.17
4113	87.67	105	1802	5.83	4.27	11.08
4114	82.93	239	2799	8.54	6.48	15.39
4115	80.49	45	924	4.87	3.4	11.62
4119	83.19	390	6774	5.76	4.89	12.73
4121	96.55	84	1016	8.27	4.67	8.07
4122	86.44	467	3672	12.72	10.02	18.70
4123	67.86	27	1508	1.79	0.62	1.53
4125	82.61	106	858	12.35	8.30	17.98
4126	75.51	121	1194	10.13	12.67	25.42
4128	81.71	233	2399	9.71	6.74	16.66
4141	83.41	738	11246	6.56	4.65	9.94
4154	89.09	1139	26642	4.28	9.32	23.62
4155	75.38	295	9045	3.26	4.20	8.58

资料来源：销售利润率是根据利润/销售收入计算的，其他资料来源于北京华通人市场信息公司：《2005 中国市场年鉴》，中国外文出版社 2004 年版。

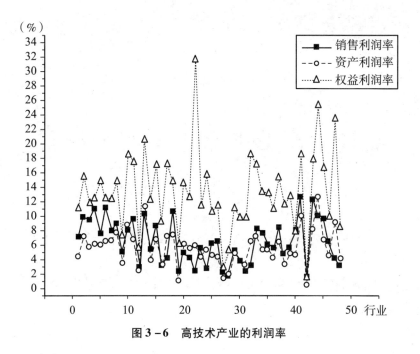

图 3 − 6　高技术产业的利润率

第 4 章

高技术产业的集中率与利润率

本书之所以选择自组织模型，是因为传统的静态、线性方法不能解决垄断（竞争）和高技术产业发展之间动态的、非线性的关系问题。对此，本章进行了实证研究。另外，这种实证研究得到的数据也是建立自组织模型所必需的。

4.1　我国高技术产业集中率的测算

自从 1959 年贝恩（Joe S. Bain）发表其名著《产业组织》[①] 以后，其提出的结构（structure）—行为（conduct）—绩效（performance）分析范式（SCP 范式）统治了主流产业组织学界近半个世纪。在哈佛学派的 SCP 范式中，产业组织理论包含政府的公共政策（即产业组织政策）。为了获得理想绩效，必须通过政府管制来调整和直接改变不合理的结构[②]。

基于市场结构是决定市场行为和市场绩效的基础，是产业组织的主要特征，本书探讨有利于高新技术产业发展的理想的市场结构。

在市场上，卖者（企业）相互之间，买者相互之间以及卖者和买者之间的关系，表现为市场结构的形式。产业组织中垄断力量与竞争力

[①]　Bain, Joe S., "Industrial Organization", New York: John Wiley & Sons, Inc., 1959.

[②]　王冰、黄岱：《"市场结构—市场行为—市场绩效"范式框架下的政府管制理论及其对我国的借鉴作用》，载《山东社会科学》，2005 年第 3 期。

量之间的关系构成市场结构的核心，通常用市场集中来反映市场垄断（竞争）程度。市场集中包括卖者的集中和买者的集中，本书只涉及市场上卖者（即企业）的集中问题。

所谓卖者集中是指在一个特指的市场或行业中，生产集中在少数几个大企业手中的程度。反映卖方集中程度的指数称为卖方集中度。"在计量经济学中，人们通常从集中度的角度来考察市场结构，并将其视为市场表现的一个决定因素。"① 集中度的变化对市场竞争状态具有很大影响，需求状况、进入壁垒、产品差别等市场结构的其他因素主要也是通过作用于集中度状况来作用于市场竞争状态的②，因而本书以高技术产业集中度作为高技术产业市场结构的指标。

4.1.1 衡量集中度的指标

4.1.1.1 集中率

集中率（Concentration Ratio）是绝对集中度指标。目前被世界上许多国家使用。

在一个企业数为 n 的产业中，第 i 个企业的市场占有率为 s_i，排列企业使得 $s_1 \geqslant s_2 \geqslant \cdots \geqslant s_m \geqslant \cdots \geqslant s_n$，则产业集中率为最大的 m 家企业的市场占有率之和：

$$CR_m = \sum_{i=1}^{m} s_i \qquad (4-1)$$

最常使用的有 CR_4 和 CR_8。

4.1.1.2 洛伦兹曲线

洛伦兹曲线（Lorenz Curve）是相对集中度指标。这一曲线可以反映某一产业市场上不同规模的企业（从小到大排列）与产业资产比例

---

① ［英］多纳德·海、德理克·莫瑞森著，张维迎等译：《产业经济学与组织》，经济科学出版社 2001 年版。

② 罗云辉、林洁：《我国汽车工业市场结构与绩效关系研究》，载《上海汽车》，2001 年第 8 期。

间的关系。

4.1.1.3 赫芬达尔指数

赫芬达尔指数（Herfindahl Index）为企业市场占有率的平方之和：

$$H = \sum_{i=1}^{n} s_i^2 \tag{4-2}$$

如表2-7所示，在实证研究中通常使用集中率衡量集中程度，在考察我国高技术产业时，本书采用这一做法。

4.1.2 样本数据

样本数据来源于国家统计局下属的北京华通人市场信息公司编、中国外文出版社出版的《2005 中国市场年鉴》。2003 年，我国高技术产业48 个四位数行业中销售收入最大的 8 家企业的销售收入见表4-1，各行业的销售收入见表4-2。

表4-1 销售收入最大的 8 家企业的销售收入

行业代码	第一（千元）	第二（千元）	第三（千元）	第四（千元）	第五（千元）	第六（千元）	第七（千元）	第八（千元）
2710	7643481	7000000	5677186	3444215	3378000	1836988	1823650	1731910
2720	6055420	2756393	1856481	1317384	1303110	1136948	1053413	1039220
2730	890378	845217	653350	491635	490048	430076	342407	320784
2740	2434910	2173436	2006766	1683461	1176404	1072770	1018743	884138
2750	270089	173939	166480	145252	142024	139231	138337	116928
2760	2320263	1364502	1326106	609094	603973	428794	413574	336819
2770	700012	374677	246118	243048	151128	128957	117550	113420
3681	1816832	751711	499110	483144	403794	395149	387177	177197
3683	327320	85373	54000	51186	38301	35620	29016	25985
3684	892478	512700	327960	269830	174489	160803	139155	128760
3685	111048	93060	71864	46529	38000	37808	36445	36400
3686	471695	113130	90127	64258	60604	30166	22631	13334
3689	160111	138190	125971	63346	63192	59554	57085	54466
4011	9036130	1728950	1055977	853993	674291	528877	327545	304430

续表

行业代码	第一（千元）	第二（千元）	第三（千元）	第四（千元）	第五（千元）	第六（千元）	第七（千元）	第八（千元）
4012	21317203	16330458	8905260	8385060	3069023	2859322	1787408	606284
4013	3309127	3232240	1690211	1649728	1319222	1109540	865250	861316
4014	38614205	11961661	11392095	10385670	10297824	9741054	8248401	7146773
4019	822318	820900	784670	641487	590910	553435	512017	492373
4031	324395	302572	184672	145423	75504	43849	42330	23569
4032	584990	230449	224128	183321	157232	145890	143160	133500
4039	185372	94205	82060	61708	53315	31719	29426	25413
4041	54791007	47825884	29058068	28642524	25175527	16177875	15369083	12086709
4042	1345501	1160182	799465	692000	654247	361751	332000	250022
4043	16629405	16038221	12701767	11387620	9413534	9116408	7930000	7678290
4051	7898778	5665258	4988490	4684979	4683407	4401256	4221295	3958928
4052	1228903	851367	518947	420542	403884	395465	377792	360912
4053	7225358	3025961	1561383	1536760	1085345	1048311	1004215	980500
4059	7715799	3954823	3546866	2653981	2525863	1442887	865977	758438
4061	8222927	3423696	2931230	2433405	2429946	1395866	1333120	1302581
4062	4864452	3468954	1944338	1734311	1290711	1057107	1049520	752095
4071	17707033	14200733	12703005	10007231	8195194	6789623	6438894	6054450
4072	9959935	3699702	3673931	1971930	1882006	1581885	1469784	1188124
4090	5348238	1215530	1000813	970370	783095	671435	438757	381120
4111	2375203	1087005	537151	523226	400858	368223	327624	326412
4112	4594875	512208	269658	229838	226912	185089	178369	173728
4113	191120	112792	75259	73862	71681	66593	55249	54139
4114	513633	343430	296655	134940	94590	72030	67800	55245
4115	138563	94558	56538	52953	49090	38852	35091	34541
4119	504233	283331	253569	225412	196889	176503	138972	137924
4121	192108	115826	100245	85846	53895	51428	45633	45608
4122	716167	590396	324868	269170	247750	198967	183630	99719
4123	251985	231030	213510	126935	96500	92961	67653	58447
4125	254511	183990	71591	63943	54965	31882	25430	20190
4126	581537	49614	46110	37000	35094	32436	30320	25481

续表

行业代码	第一（千元）	第二（千元）	第三（千元）	第四（千元）	第五（千元）	第六（千元）	第七（千元）	第八（千元）
4128	179408	134154	129305	128539	123850	123040	94890	79141
4141	735013	638220	579660	519960	470669	417751	310660	269900
4154	3744606	3433875	2936987	2915920	2889951	2049654	1727199	1041274
4155	2232201	1157915	641885	542143	451889	429761	392482	321784

资料来源：北京华通人市场信息公司：《2005 中国市场年鉴》，中国外文出版社 2004 年版。

表 4 - 2　　　　　　　　高技术产业的集中率

行业代码	销售收入（百万元）	CR_4（%）	CR_8（%）
2710	77276	30.75	42.10
2720	84947	14.11	19.45
2730	15625	18.44	28.57
2740	60293	13.76	20.65
2750	5439	13.90	23.76
2760	22842	24.60	32.41
2770	8646	18.09	24.00
3681	8623	41.18	56.99
3683	745	69.51	86.82
3684	6278	31.90	41.51
3685	681	47.36	69.19
3686	1089	67.88	79.52
3689	1615	30.19	44.70
4011	22024	57.55	65.88
4012	72293	75.99	87.51
4013	34593	28.56	40.58
4014	201553	35.90	53.48
4019	20640	14.87	25.28
4031	1328	72.07	86.02
4032	4605	26.56	39.15
4039	772	54.84	72.96
4041	324675	49.38	70.57
4042	8084	49.45	69.21

续表

行业代码	销售收入（百万元）	CR_4（%）	CR_8（%）
4043	262160	21.65	34.67
4051	76105	30.53	53.22
4052	14366	21.02	31.73
4053	46461	28.73	37.60
4059	38238	46.74	61.36
4061	159260	10.68	14.74
4062	37623	31.93	42.96
4071	163736	33.36	50.14
4072	63684	30.31	39.93
4090	28711	29.73	37.65
4111	15932	28.39	37.32
4112	10768	52.07	59.16
4113	1802	25.14	38.88
4114	2799	46.04	56.39
4115	924	37.08	54.13
4119	6774	18.70	28.30
4121	1016	48.62	67.97
4122	3672	51.76	71.64
4123	1508	54.61	75.53
4125	858	66.90	82.34
4126	1194	59.82	70.15
4128	2399	23.82	41.36
4141	11246	21.99	35.05
4154	26642	48.91	77.85
4155	9045	50.57	68.22

资料来源：销售收入数据来源于北京华通人市场信息公司：《2005 中国市场年鉴》，中国外文出版社 2004 年版。

4.1.3　我国高技术产业集中率

将表 4 - 1 和表 4 - 2 中的数据代入式（4 - 1）得到我国高技术产业 48 个四位数行业的 CR_4 和 CR_8，见表 4 - 2。据此绘出图 4 - 1，从图中可以看出，CR_4 和 CR_8 的变动情况一致，也就是说不论是 CR_4 还是 CR_8 都可以反映市场竞争（垄断）程度。

从图4-1和表4-2，都可以发现。垄断程度最高的是通信交换设备制造业（行业代码为4012），其 CR_4 为75.99%，CR_8 为87.51%；垄断程度最低的（竞争程度最高的）是电子元件及组件制造业（行业代码为4061），其 CR_4 为10.68%，CR_8 为14.74%。48 个四位数行业的 CR_4 平均值为37.62%，CR_8 平均值为51.01%。有 5 个行业 CR_4 大于60%，有28 个行业 CR_4 小于40%，按照《新帕尔格雷夫经济学大辞典》[①] 的定义，前者属于紧密型寡头垄断，后者属于松散型寡头垄断。

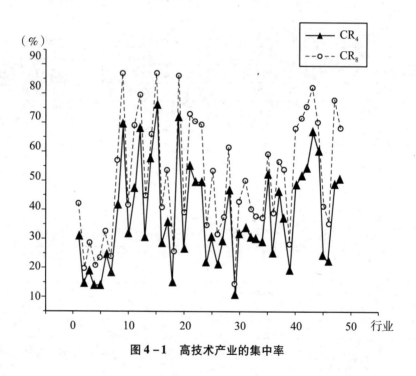

图4-1　高技术产业的集中率

4.2　集中率与利润率之间关系的理论背景

集中率和利润率之间的关系，自从贝恩（Joe S. Bain）的开创性研

① ［英］约翰·伊特韦尔、［美］默里·米尔盖特、彼得·纽曼著，陈岱孙主编：《新帕尔格雷夫经济学大辞典》，经济科学出版社 1996 年版。

究以来，已经成为各国产业组织理论研究的核心问题之一①。贝恩（Bain，1951）1951 年对 42 个产业的研究发现，集中率与利润率之间存在正相关关系。后来大量的实证研究都证实了这种关系②。

1973 年，德姆塞茨（Demsetz）的研究表明，在集中率为 10% ~ 50% 之间时，利润率不仅不升高，反而会有所降低；当集中率超过 50% 以后，集中率与利润率才存在正相关。许多实证研究都证明了集中率与利润率之间的正相关关系是有条件的。

郭克莎等人（2001）认为，20 世纪 70 年代，由于产权理论、交易费用理论和理性预期理论的出现，产业组织理论发生了较大变化，由原来强调结构—行为—绩效的单向联系转变为越来越注重结构、行为、绩效之间的双向联系和动态变化；出现了芝加哥学派、新制度学派和新奥地利学派等非主流产业组织理论；引入了博弈论这一新的分析工具。改革开放以来，我国产业组织理论在研究理论框架上，既有正统的产业组织理论的"结构—行为—绩效"框架，又有新制度经济学和公共选择理论的框架；在研究方法上，规范性分析减少，实证和案例分析增多；在分析的广度上，既有综合性分析，又有行业分析和专题性研究。随着产业组织理论的发展，对集中率和利润率之间关系的研究不断深化。

虽然传统的结构—行为—绩效研究模式受到了挑战，但从结构角度研究产业绩效的范式并没有因此消失。近期仍有许多文献③④⑤继续探讨市场结构与产业绩效之间的关系。

4.3 集中率与利润率之间关系的理论模型

在一个价格为 P、总产出为 Q 的产业中，价格为 p_i、产量为 q_i、单

① 魏后凯：《中国制造业集中与利润率的关系》，载《财经问题研究》，2003 年第 6 期。

② ［英］多纳德·海、德理克·莫瑞斯著，张维迎等译：《产业经济学与组织》，经济科学出版社 2001 年版。

③ 魏后凯：《市场竞争、经济绩效与产业集中》，经济管理出版社 2003 年版。

④ 刘小玄：《中国转轨过程中的企业行为和市场均衡》，载《中国社会科学》，2003 年第 2 期。

⑤ 冯丽、李海舰：《从竞争范式到垄断范式》，载《中国工业经济》，2003 年第 9 期。

位产品的平均成本为 c_i 的第 i 个企业的利润为：

$$\pi_i = p_i q_i - c_i q_i \tag{4-3}$$

假设企业追求利润最大，利润最大化的一阶条件为：

$$\frac{d\pi_i}{dq_i} = p_i + q_i \frac{dp_i}{dq_i} - c_i - q_i \frac{dc_i}{dq_i} = 0 \tag{4-4}$$

4.3.1 产业内产品是同质的

根据海和莫瑞森（2001），当产业内产品是同质时，$p_i = P$，并且企业产量变化引起的价格变化等于企业产量变化引起的产业产量变化与产业产量变化引起的价格变化之积，即：

$$\frac{dp_i}{dq_i} = \frac{dQ}{dq_i} \frac{dp_i}{dQ}$$

根据式（4-4），第 i 个企业的利润率为[①]：

$$m_i = \frac{p_i - c_i}{p_i} = \frac{q_i}{p_i}\left(\frac{dc_i}{dq_i} - \frac{dQ}{dq_i} \frac{dP}{dQ}\right) \tag{4-5}$$

其中，

$$\frac{dQ}{dq_i} = 1 + \sum_{j \neq i} \frac{dq_j}{dq_i} = 1 + \lambda$$

上式第二部分 λ 表示第 i 个企业对其产量的变化引起所有其他企业产量变化的估计，称作推测变化（conjectural variation）。

如果企业的平均成本不变，即 $dc_i/dq_i = 0$，式（4-5）变为：

$$m_i = -\frac{q_i}{Q} \frac{dP}{dQ} \frac{Q}{P}(1+\lambda) = \frac{s_i}{e}(1+\lambda) \tag{4-6}$$

其中，s_i 是第 i 个企业的市场占有率，e 为需求的价格弹性。λ 的可能取值为[②]：

（1）如果企业行为是完全非合谋的，则符合纳什—库诺特条件，$\lambda = 0$。由式（4-6）得：

$$m_i = \frac{s_i}{e} \tag{4-7}$$

---

①② ［英］多纳德·海、德理克·莫瑞森著，张维迎等译：《产业经济学与组织》，经济科学出版社 2001 年版。

式（4-7）表明，在一定条件下，企业的市场占有率和利润率正相关。

（2）如果企业行为是完全合谋的，则第 i 个企业的产出的任何变动都将引起相应的变动，以使市场份额保持不变。即：

$$\frac{\sum_{j\neq i}q_j + \sum_{j\neq i}dq_j}{q_i + dq_i} = \frac{\sum_{j\neq i}q_j}{q_i}$$

故：

$$\lambda = \frac{\sum_{j\neq i}dq_j}{dq_i} = \frac{1}{dq_i}\left[\frac{(q_i+dq_i)\sum_{j\neq i}q_j}{q_i} - \sum_{j\neq i}q_j\right] = \frac{\frac{\sum_{j\neq i}q_j}{Q}}{\frac{q_i}{Q}} = \frac{1-s_i}{s_i}$$

由式（4-6）得：

$$m_i = \frac{1}{e} \tag{4-8}$$

式（4-8）表明，在一定条件下，企业的市场占有率和利润率不相关。

（3）如果企业行为的合谋度为 $\beta \in [0,1]$，则：

$$\lambda = \beta \times \left(\frac{1-s_i}{s_i}\right) + (1-\beta)\times 0 = \beta\left(\frac{1-s_i}{s_i}\right) \tag{4-9}$$

将式（4-9）代入式（4-6）得：

$$m_i = \frac{\beta + (1-\beta)s_i}{e} \tag{4-10}$$

式（4-10）表明，在一定条件下，只要企业行为不是完全合谋，企业的市场占有率和利润率正相关。

整个产业的利润率为所有企业利润率的加权平均，权重为企业的市场占有率，即：

$$M = \sum_{i=1}^{n}s_i m_i = \frac{\beta\sum_{i=1}^{n}s_i + (1-\beta)\sum_{i=1}^{n}s_i^2}{e} = \frac{\beta + (1-\beta)H}{e} \tag{4-11}$$

式（4-11）表明，在一定条件下，只要企业行为不是完全合谋，整个产业的利润率和集中率之间的关系是非线性的。

4.3.2 产业内产品有差异

当产业内产品有差异时，产业价格 P 和产量 Q 分别是 n 个企业价格和 n 个企业产量的向量。第 i 个企业的产量为 $q_i = f(p_i, p_j)$，$j \neq i$，价格变化对产量的影响为：

$$\frac{dq_i}{dp_i} = \frac{\partial q_i}{\partial p_i} + \frac{\partial q_i}{\partial p_j} \frac{\partial p_j}{\partial p_i}$$

如果平均成本不变，根据公式（4-4），得[1]：

$$m_i = \frac{p_i - c_i}{p_i} = -\frac{q_i}{p_i} \frac{dp_i}{dq_i} = \left[-\frac{p_i}{q_i} \left(\frac{\partial q_i}{\partial p_i} + \frac{\partial q_i}{\partial p_j} \frac{\partial p_j}{\partial p_i} \right) \right]^{-1} = \frac{1}{e_{pi} - e_{pj} b}$$

$$(4-12)$$

其中 $e_{pi} = -\frac{\partial q_i}{\partial p_i} \frac{p_i}{q_i}$ 为需求的价格弹性，$e_{pj} = \frac{\partial q_i}{\partial p_j} \frac{p_j}{q_i}$ 为需求的交叉弹性，$b = \frac{\partial p_j}{\partial p_i} \frac{p_i}{p_j}$ 为其他企业的价格相对第 i 个企业的价格的弹性。

式（4-12）表明，在平均成本不变的条件下，生产异质产品的企业的利润率只与弹性相关，与市场占有率不相关。整个产业的利润率为：

$$M = \sum_{i=1}^{n} s_i m_i = \frac{\sum_{i=1}^{n} s_i}{e_{pi} - e_{pj} b} = \frac{1}{e_{pi} - e_{pj} b} \qquad (4-13)$$

式（4-13）表明，在一定条件下，整个产业的利润率和集中率之间不相关。

4.4 集中率与利润率之间关系的实证研究

根据表 2-8 和表 4-2 重新整理成表 4-3。销售利润率、资产利润

---

[1] ［英］多纳德·海、德理克·莫瑞森著，张维迎等译：《产业经济学与组织》，经济科学出版社 2001 年版。

率、权益利润率和 CR_4、CR_8 之间的关系如图 4 - 2 ~ 图 4 - 7 所示。从图中和表 4 - 4、表 4 - 5 可以看出，CR_4 的临界点可能为 40%、60%。CR_8 的临界点可能为 50%。当 CR_4 小于 40% 时，CR_4 和销售利润率负相关。

表 4 - 3　　　　　　　　高技术产业的利润率和集中率　　　　　　单位：%

行业代码	销售利润率	资产利润率	权益利润率	CR_4	CR_8
2710	7.18	4.49	11.16	30.75	42.10
2720	10.01	7.24	15.60	14.11	19.45
2730	9.54	5.84	11.89	18.44	28.57
2740	11.13	6.20	12.65	13.76	20.65
2750	7.69	6.14	14.93	13.90	23.76
2760	11.34	6.53	12.56	24.60	32.41
2770	8.06	6.71	12.54	18.09	24.00
3681	9.14	7.72	14.91	41.18	56.99
3683	5.23	3.63	7.42	69.51	86.82
3684	8.09	8.82	18.67	31.90	41.51
3685	9.69	6.66	17.55	47.36	69.19
3686	2.94	2.63	5.69	67.88	79.52
3689	10.34	11.38	20.89	30.19	44.70
4011	5.39	4.00	12.42	57.55	65.88
4012	8.76	6.77	17.05	75.99	87.51
4013	3.19	3.47	9.31	28.56	40.58
4014	4.27	7.30	17.30	35.90	53.48
4019	10.73	7.46	14.71	14.87	25.28
4031	2.48	1.18	6.26	72.07	86.02
4032	4.97	6.08	14.62	26.56	39.15
4039	4.40	5.58	12.79	54.84	72.96
4041	2.34	6.01	31.62	49.38	70.57

续表

行业代码	销售利润率	资产利润率	权益利润率	CR$_4$	CR$_8$
4042	5.67	4.39	11.51	49.45	69.21
4043	2.89	5.36	15.79	21.65	34.67
4051	6.37	4.72	10.63	30.53	53.22
4052	6.51	4.41	11.64	21.02	31.73
4053	2.23	1.52	3.13	28.73	37.60
4059	1.78	2.03	5.23	46.74	61.36
4061	5.34	5.18	11.25	10.68	14.74
4062	3.97	3.94	9.86	31.93	42.96
4071	2.41	3.44	9.78	33.36	50.14
4072	3.27	6.71	18.50	30.31	39.93
4090	8.35	7.26	17.14	29.73	37.65
4111	7.71	5.37	13.43	28.39	37.32
4112	6.15	5.46	13.17	52.07	59.16
4113	5.83	4.27	11.08	25.14	38.88
4114	8.54	6.48	15.39	46.04	56.39
4115	4.87	3.40	11.62	37.08	54.13
4119	5.76	4.89	12.73	18.70	28.30
4121	8.27	4.67	8.07	48.62	67.97
4122	12.72	10.02	18.70	51.76	71.64
4123	1.79	0.62	1.53	54.61	75.53
4125	12.35	8.30	17.98	66.90	82.34
4126	10.13	12.67	25.42	59.82	70.15
4128	9.71	6.74	16.66	23.82	41.36
4141	6.56	4.65	9.94	21.99	35.05
4154	4.28	9.32	23.62	48.91	77.85
4155	3.26	4.20	8.58	50.57	68.22

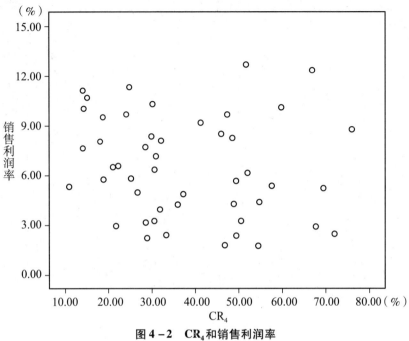

图 4 - 2　CR₄ 和销售利润率

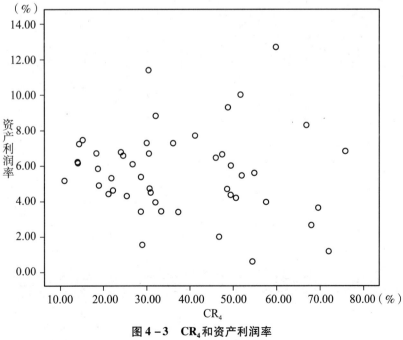

图 4 - 3　CR₄ 和资产利润率

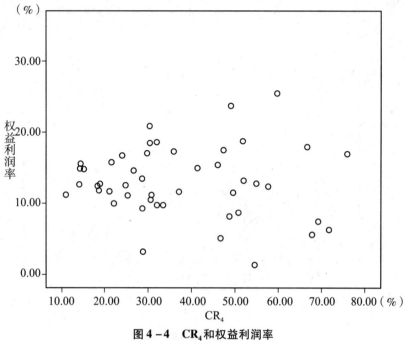

图4-4 CR₄和权益利润率

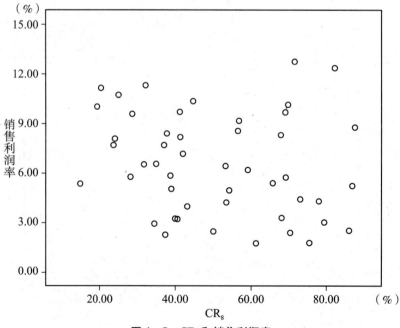

图4-5 CR₈和销售利润率

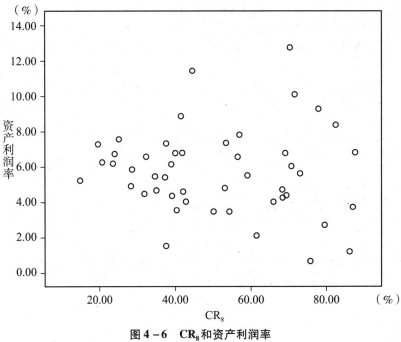

图 4 - 6　CR$_8$和资产利润率

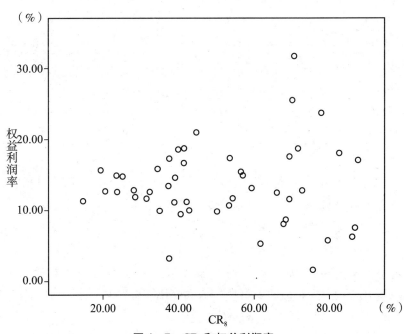

图 4 - 7　CR$_8$和权益利润率

表 4 – 4 CR₄ 与利润率

CR$_4$（%）	行业个数	平均销售利润率（%）	平均资产利润率（%）	平均权益利润率（%）
60 以上	5	6.35	4.50	10.88
50 ~ 60	7	6.26	6.07	13.23
40 ~ 50	8	6.21	5.91	15.99
30 ~ 40	9	5.64	6.02	14.27
20 ~ 30	11	6.30	5.06	12.30
10 ~ 20	8	8.53	6.21	13.29

表 4 – 5 CR₈ 与利润率

CR$_8$（%）	行业个数	平均销售利润率（%）	平均资产利润率（%）	平均权益利润率（%）
80 以上	4	7.21	4.97	12.18
70 ~ 80	7	5.51	6.69	17.05
60 ~ 70	6	5.68	4.33	10.56
50 ~ 60	7	5.96	5.50	13.26
40 ~ 50	6	7.08	6.47	14.43
30 ~ 40	10	5.97	5.22	12.78
20 ~ 30	6	8.82	6.21	13.24
10 ~ 20	2	7.68	6.21	13.43

对表 4 – 3 提供的数据，使用统计分析软件 SPSS 进行回归分析，结果见表 4 – 6 和表 4 – 7。销售利润率、资产利润率、权益利润率和 CR$_4$、CR$_8$ 之间的联系都很弱。R^2 值很小，说明解释变量只能解释被解释变量变化的很小部分，回归模型拟合差；F 值较小，说明解释变量对被解释变量的影响小于随机因素对被解释变量的影响，模型拟合较差；CR$_4$、CR$_8$ 系数的 t 值较小，说明销售利润率、资产利润率、权益利润率和 CR$_4$、CR$_8$ 之间不存在显著的相关关系。

表4-6   CR₄与利润率回归分析结果

被解释变量	常数项	CR_4	R^2	F
销售利润率	7.638 (7.254)	-0.029 (-1.154)	0.028	1.331
资产利润率	6.098 (7.218)	-0.012 (-0.565)	0.007	0.319
权益利润率	13.518 (6.997)	-0.002 (-0.047)	0.000	0.002

注：括号中的数值是 t 检验值。

表4-7   CR₈与利润率回归分析结果

被解释变量	常数项	CR_8	R^2	F
销售利润率	8.054 (6.757)	-0.030 (-1.371)	0.039	1.879
资产利润率	6.114 (6.352)	-0.009 (-0.503)	0.005	0.253
权益利润率	13.050 (5.934)	0.008 (0.189)	0.001	0.036

注：括号中的数值是 t 检验值。

按照贝恩（1951）的解释，集中有利于企业之间的合谋，从而增加全行业的利润。根据前面的理论分析可知，只有当产业内产品同质时，贝恩的结论才可能正确，但此时整个产业的利润率和集中率之间的关系可能是非线性的。实际上，多年来的研究表明，产业集中率与利润率之间并不存在一种简单的线性关系，而可能是一种非线性和非连续的关系[1]。以上的实证研究结果与这一结论相吻合，从一个方面验证了本书导论中的假设之一："垄断（竞争）和高技术产业发展之间不是线性关系"。

_____

[1] 魏后凯：《中国制造业集中与利润率的关系》，载《财经问题研究》，2003 年第 6 期。

4.5 利润率指标的再探讨

利润率指标不仅可以评价高技术产业发展，而且可以刻画垄断（竞争）程度。在完全竞争条件下，企业的经济利润为零。在非完全竞争条件下，随着垄断程度的增加，企业的经济利润不断增加。根据这一思想设计的反映垄断程度的勒纳指数（Lerner Index）和贝恩指数（Bain Index）实际上也是利润率指标。

勒纳指数 L 度量的是价格 P 高于边际成本 MC 的程度：

$$L = (P - MC)/P \tag{4-14}$$

由于边际成本的数据很难获得，通常使用平均成本替代边际成本，这样，勒纳指数就近似为销售利润率。

贝恩指数 B 度量的是产业的超额利润率：

$$B = (R - C - D - rV)/V \tag{4-15}$$

其中：R 为总收益，C 为当期总成本，D 为折旧，r 为正常投资收益率，V 为投资总额。

使用利润率指标刻画垄断（竞争）程度不像集中率那样对市场界定敏感，避免了计算行业中前四名或前八名企业的市场占有率。后面将使用销售利润率刻画垄断（竞争）程度。

第 5 章

高技术产业的垄断与生产率

为了正确制定高技术产业组织政策，必须深刻了解垄断（竞争）和高技术产业发展之间的关系。本书使用集中率和利润率指标刻画垄断（竞争）程度，使用利润率和生产率指标评价高技术产业发展。上一章论证了使用传统的静态、线性方法不能解决高技术产业的集中率与作为高技术产业发展评价指标的利润率之间的关系问题，本章证明了使用传统的静态、线性方法不能解决高技术产业的集中率与生产率之间以及生产率与作为刻画垄断（竞争）程度的利润率之间的关系问题。为此提出了一个新的研究角度，采用系统科学中的自组织理论的方法。

5.1 理 论 背 景

5.1.1 市场结构与技术进步

西方经济学家很早就开始探讨市场结构与技术进步之间的关系。由于高技术产业发展通常是同技术进步联系在一起的。所以，西方经济学者关于市场结构与技术进步之间关系的论述构成本书研究的理论背景之一。

西方经济学的传统观点认为，竞争能够激励生产者采用新的技术，生产新的产品，降低产品成本，以期在竞争中立于不败之地，于是，完全竞争市场形态最有利于技术进步。但自从熊彼特的创新理论和加尔布雷斯的新制度主义理论问世以后，西方经济学在市场结构同技术进步的关系问题上，逐渐盛行一种与传统观点相对立的新理论。这种新理论认为，从长远来看，不完全竞争市场经济优于完全竞争市场经济。在不完全竞争市场中居统治地位的大垄断企业更能促进技术进步。

技术进步的社会过程可分为技术发明、技术创新、技术扩散三个阶段。

5.1.1.1　技术发明

阿罗（K. Arrow）[①] 认为，竞争型产业比垄断型产业能提供更强的发明激励，竞争型产业所提供的发明激励与垄断型产业所提供的发明激励之比总是大于1，发明所带来的成本节约越小，该比值越大。这意味着垄断不仅在静态上造成资源的不当配置和无效率使用，还可能从动态上阻碍技术进步。然而，与这种观点相反，丹姆西茨（H. Demsetz）[②]认为，垄断并没有抑制发明，实际上会促使更多发明的产生。

对发明激励的观点只是关于市场结构与技术进步的更一般观点中的一部分。即使接受阿罗的观点，也不一定意味着竞争产业实际上比垄断产业更有助于技术进步。因为能提供较大发明激励的产业并不一定就能获得较快的技术进步，只有把新发明的知识能动地引进生产系统，转化成生产力，即不断地进行技术创新，产业的技术进步才有可能实现和加速。

5.1.1.2　技术创新

熊彼特等人认为：

第一，垄断性产业比竞争性产业更易筹集研究与开发资金。这种观点强调，研究与开发是要冒风险的。"尤其在由于新产品新技术的冲击因而瞬间都会发生变化的条件下，进行长期投资，正如向一个不仅模糊不清而且动荡不定的靶子射击"[③]，风险很大。因此，资金应该主要从内部筹集，而不是从市场上筹集。只有拥有雄厚的人力、物力和财力的大垄断企业才有力量进行耗资巨大的现代科学技术的研究与开发。

第二，研究活动中可能存在的规模经济性有利于大垄断企业。当存在研究的最小有效规模时，在其他情况相同的条件下，较集中的市场中

---

①②　邹小平、覃广华：《产业组织与技术进步》，载《数量经济技术经济研究》，1990 年第 3 期。

③　熊彼特：《资本主义、社会主义和民主主义》，商务印书馆 1979 年版。

的相对大型企业有可能在有效的规模上从事研究与开发。

　　许多经济学家对此进行了实证研究。施勒（F. M. Scherer，1980）通过考察 1960 年美国 56 个行业的工程师和科学家的就业情况并进行相应地对数多元回归分析，得出的结论是，即使考虑了产业间的技术机会差别，市场集中仍与研究与开发强正相关。施里夫斯（R. E. Shrieves，1978）对市场集中和研究密度进行了更全面的研究，在同时考虑技术机会和产品差别的影响下，对 1965 年美国 56 个行业中 411 家企业的研究与开发职工人数的数据，进行了多变量对数回归分析，结果发现：研究密度与市场集中之间的正相关关系，在生产消费品和原材料产业中具有高度显著性，而在生产耐用设备的产业中却不具有显著性，尽管在这类行业中平均研究密度和集中程度都比较高。施里夫斯对此解释为，生产消费品和原材料产业中的研究与集中正相关关系可能反映了在这类产业中较容易仿制创新产品，与大垄断企业相比较，它降低了小型竞争企业进行创新研究的积极性，只有大垄断企业才能够更多地获取新产品或新生产过程的效益。

　　坚持传统观点的西方经济学家反对上述理论，认为：

　　第一，现代科学技术研究的大部分并不是耗资巨大的大规模研究，而属于投入较少的人力、物力、财力即能进行的中小型研究，其中有不少甚至是个人能独立进行的研究活动。这一点可从有关研究中得到部分证实。朱克斯（J. Jewkes，1969）等人对 20 世纪 61 个重要发明进行研究后发现，一半以上是个人发明家的产物，其中包括空调、酚荃塑料、自动变速器、赛璐玢以及喷气引擎。

　　第二，正因为大垄断企业垄断生产和销售，缺乏竞争对手，从而缺乏进行技术进步的压力和动力。

5.1.1.3　技术扩散

　　曼斯弗尔德（E. Mansfield）考察了美国 4 个行业（烟煤、钢铁、酿酒和铁路）中 12 项技术的传播，他的这一研究以及其他许多研究表明，产业中已经采用了该技术的企业数与全部企业之比值是随时间变化的，反映在图上则是一个 S 形曲线。对此，曼斯弗尔德提出了一个解释模式，通过分析，发现竞争型产业比垄断型产业的技术扩散速度更快。

罗米欧（A. Romeo）的研究支持了这一论点。戴维斯的研究结果一方面与罗米欧相同，都认为企业之间的规模差别越小，技术扩散的速度也越快；另一方面与罗米欧的结论正好相反，认为产业中企业数越少，扩散速度越快[①]。

总之，市场结构与技术进步之间的关系目前还有争议。根据《新帕尔格雷夫经济学大辞典》，"理论研究还找不出一种独特的、最有利于确保迅速的技术进步的市场结构"。[②] 正如美国耶鲁大学教授劳埃德·雷诺兹[③]所说："什么组织形式最有助于技术进步，……看来是一个暂时保留的问题。"用谭刚[④]的话说：从总体上看，"产业组织理论对于技术进步与技术创新的研究，可以说仍是一个尚未完成的课题。"

5.1.2 竞争与生产率

近期文献中，很多实证研究似乎证实了产品市场的竞争可以激励生产率增长[⑤]。尼克尔（Nickell, 1996）发现，大约 700 家的英国企业在 1972~1986 年期间，竞争与高生产率水平和高生产率增长相关。迪斯尼等（Disney et al., 2003）将研究扩大到 14.3 万个英国生产单位，在 1980~1992 年期间，市场竞争显著提高生产率水平和生产率增长。克莱特（Klette, 1999）发现，在挪威的 14 个制造业中，企业的市场势力越大，生产率越小。

竞争对生产率水平的促进得益于[⑥]：

① ［英］劳杰·克拉克，原毅军译：《工业经济学》，经济管理出版社 1990 年版。

② ［英］约翰·伊特韦尔、［美］默里·米尔盖特、［美］彼得·纽曼著，陈岱孙主编：《新帕尔格雷夫经济学大辞典》，经济科学出版社 1996 年版。

③ ［美］劳埃德·雷诺兹著，马宾译：《微观经济学分析和政策》，商务印书馆 1982 年版。

④ 谭刚：《论产业组织理论的技术进步与技术创新思想——读〈产业组织：理论、证据和公共政策〉》，载《南开经济研究》，1997 年第 4 期。

⑤ Yun, Mikyung, "Competition and Productivity Growth: Evidence from Korean Manufacturing Firms", P. Brusick, et al., "Competition, Competitiveness and Development: Lessons from Developing Countries", UNCTAD/DITC/CLP/2004/1. New York and Geneva: United Nations, 2004.

⑥ Poltavets, Ivan, "Productivity Differential and Competition: Can an Old Dog Be Taught New Tricks", Working Paper Series No 03/09, ISSN 1561 – 2422, Moscow: Economics Education and Research Consortium, 2005.

1. 为比较管理绩效创造了良好的信息环境和机会，为缓解委托—代理问题创造了条件。

2. 很高的破产可能性。

3. 很低的进入壁垒。

施密特[①]（Schmidt）1996 年发现，竞争对管理激励可能有双重影响：一方面竞争增加了破产的可能性，促使管理者为提高企业的内部效率而努力工作；另一方面，竞争减少了利润，降低了管理激励。因此，竞争对生产率的影响可能是非线性的：竞争水平低时，影响为正；竞争水平高时，影响为负。

5.1.3　国内研究现状

魏后凯[②]考察了企业规模、产业集中与企业技术创新能力之间的关系。结果表明，大型企业和科技型小企业均有利于企业的技术创新，行业市场集中度的提高有利于增强企业的技术创新能力。然而，对于旨在揭示厂商规模与发明活动或产出间关系的研究，人们提出了许多批评[③]。这仍然是一个充满挑战性的前沿课题。

邓俊荣、常新（1999）探讨了改革开放以来中国市场结构的演变特征及其成因、组建合理产业组织体系的思路。纪成君、刘宏超（2002）从集中度、产品差异化、行业壁垒、市场容量与未来供给能力等方面分析了煤炭产业市场结构，认为煤炭产业市场结构的目标模式应该选择垄断竞争的市场结构。同样是研究煤炭产业，张米尔、邸国永（2002）指出："我国煤炭产业是最接近完全竞争市场结构、竞争最激烈的行业之一。但是，长期的市场竞争并未促进我国煤炭产业组织效率的提高。"他们还提出一个颇具启发意义的观点："产业组织的演进具有很强的路径依赖，即初始路径选择的细微差错，经过演化和积累，最终的效果会

[①]　Klette, Tor Jakob, "Market Power, Scale Economies and Productivity: Estimation from a Panel of Establishment Data", The Journal of Industrial Economics, 1999, 47（4）: 451–476.

[②]　魏后凯：《企业规模、产业集中与技术创新能力》，载《经济管理》，2002 年第 4 期。

[③]　肯尼斯·W. 克拉克森、罗杰·勒鲁瓦·米勒著，杨龙、罗靖译：《产业组织：理论、证据和公共政策》，上海三联书店 1989 年版。

偏离期初的设想。"

5.2 集中率与生产率

根据表 3-6、表 3-7 和表 4-2 重新整理成表 5-1。技术效率、多要素生产率、劳动生产率和 CR_4、CR_8 之间的关系如图 5-1~图 5-6 所示。

表 5-1 高技术产业的生产率和集中率

行业代码	技术效率 TE	多要素生产率 MFP	劳动生产率 LP（千元/人）	CR_4（%）	CR_8（%）
2710	0.7172	0.1097	68.99	30.75	42.10
2720	0.8579	0.1312	107.42	14.11	19.45
2730	0.8789	0.1344	89.26	18.44	28.57
2740	0.8069	0.1234	92.79	13.76	20.65
2750	0.8625	0.1319	61.23	13.90	23.76
2760	0.8445	0.1291	124.68	24.60	32.41
2770	0.8487	0.1298	47.74	18.09	24.00
3681	0.9069	0.1387	126.40	41.18	56.99
3683	0.7816	0.1195	43.38	69.51	86.82
3684	0.8877	0.1358	56.11	31.90	41.51
3685	0.7796	0.1192	64.42	47.36	69.19
3686	0.8891	0.1360	82.61	67.88	79.52
3689	0.8239	0.1260	59.71	30.19	44.70
4011	0.7538	0.1153	98.62	57.55	65.88
4012	0.9167	0.1402	447.90	75.99	87.51
4013	0.8662	0.1325	85.74	28.56	40.58
4014	0.8950	0.1369	477.03	35.90	53.48
4019	0.8428	0.1289	91.14	14.87	25.28
4031	0.7111	0.1087	53.89	72.07	86.02
4032	0.8488	0.1298	47.67	26.56	39.15

续表

行业代码	技术效率 TE	多要素生产率 MFP	劳动生产率 LP（千元/人）	CR₄（%）	CR₈（%）
4039	0.8024	0.1227	77.79	54.84	72.96
4041	0.8689	0.1329	261.35	49.38	70.57
4042	0.8687	0.1328	133.82	49.45	69.21
4043	0.8834	0.1351	150.03	21.65	34.67
4051	0.7987	0.1221	163.27	30.53	53.22
4052	0.8641	0.1321	70.40	21.02	31.73
4053	0.8074	0.1235	148.09	28.73	37.60
4059	0.8021	0.1227	92.42	46.74	61.36
4061	0.7897	0.1208	54.62	10.68	14.74
4062	0.8174	0.1250	92.11	31.93	42.96
4071	0.8682	0.1328	150.42	33.36	50.14
4072	0.8688	0.1329	63.36	30.31	39.93
4090	0.8610	0.1317	88.81	29.73	37.65
4111	0.7820	0.1196	70.34	28.39	37.32
4112	0.8599	0.1315	77.69	52.07	59.16
4113	0.8908	0.1362	48.96	25.14	38.88
4114	0.8090	0.1237	54.40	46.04	56.39
4115	0.8451	0.1292	34.69	37.08	54.13
4119	0.8105	0.1239	56.18	18.70	28.30
4121	0.8494	0.1299	85.93	48.62	67.97
4122	0.8686	0.1328	89.74	51.76	71.64
4123	0.3954	0.0605	27.60	54.61	75.53
4125	0.8968	0.1371	74.89	66.90	82.34
4126	0.9157	0.1400	82.58	59.82	70.15
4128	0.8317	0.1272	48.06	23.82	41.36
4141	0.7441	0.1138	38.29	21.99	35.05
4154	0.9475	0.1449	275.38	48.91	77.85
4155	0.8832	0.1351	48.30	50.57	68.22

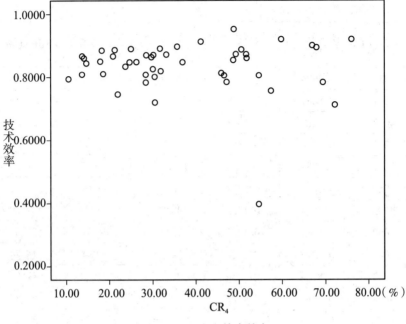

图 5 - 1　CR$_4$和技术效率

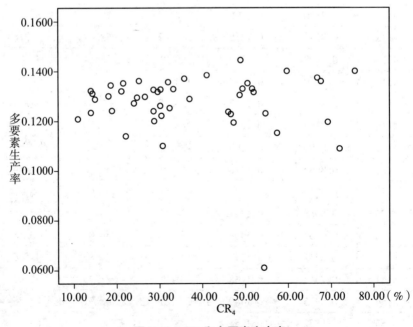

图 5 - 2　CR$_4$和多要素生产率

（千元/人）

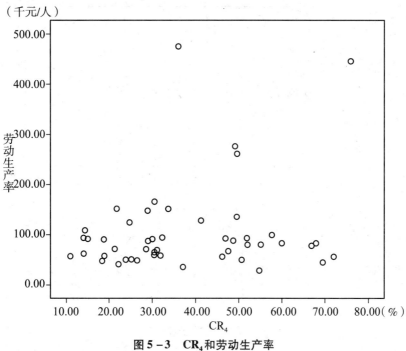

图 5 - 3 CR₄和劳动生产率

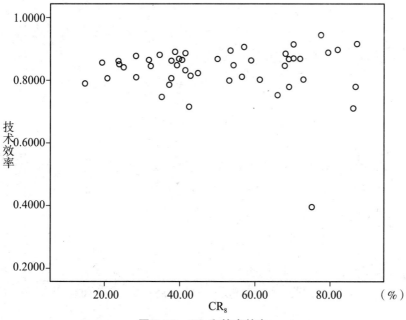

图 5 - 4 CR₈和技术效率

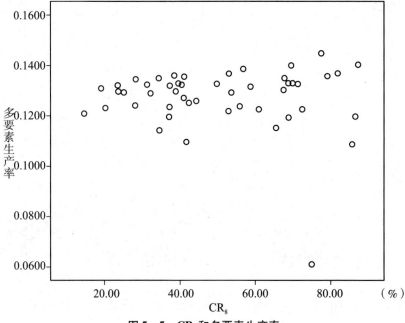

图 5-5 CR$_8$ 和多要素生产率

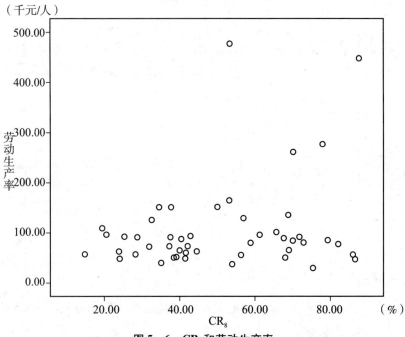

图 5-6 CR$_8$ 和劳动生产率

表 5 - 2　　　　　　　　　　　　　CR₄ 与生产率

CR$_4$（%）	行业个数	平均技术效率	平均多要素生产率	平均劳动生产率
60 以上	5	0.8391	0.1283	140.53
50～60	7	0.7827	0.1197	71.76
40～50	8	0.8540	0.1306	136.77
30～40	9	0.8358	0.1278	129.52
20～30	11	0.8385	0.1282	83.73
10～20	8	0.8372	0.1280	75.05

表 5 - 3　　　　　　　　　　　　　CR₈ 与生产率

CR$_8$（%）	行业个数	平均技术效率	平均多要素生产率	平均劳动生产率
80 以上	4	0.8266	0.1264	155.02
70～80	7	0.8125	0.1243	128.15
60～70	6	0.8228	0.1258	87.25
50～60	7	0.8547	0.1307	154.84
40～50	6	0.8240	0.1260	68.45
30～40	10	0.8395	0.1284	85.06
20～30	6	0.8417	0.1287	73.06
10～20	2	0.8238	0.1260	81.02

从图 5 - 1～图 5 - 6 和表 5 - 2、表 5 - 3 可以看出，CR$_4$ 的临界点可能为 40%、60%。CR$_8$ 的临界点可能为 50%。当 CR$_4$ 小于 50% 时，CR$_4$ 和平均劳动生产率正相关。当 CR$_8$ 大于 60% 时，CR$_8$ 和平均劳动生产率正相关。

对表 5 - 1 提供的数据，使用统计分析软件 SPSS 进行回归分析，结果见表 5 - 4 和表 5 - 5。技术效率、多要素生产率、劳动生产率和 CR$_4$、CR$_8$ 之间的联系都很弱。R^2 值很小，说明解释变量只能解释被解释变量变化的很小部分，回归模型拟合差；F 值较小，说明解释变量对被解释变量的影响小于随机因素对被解释变量的影响，模型拟和较差；CR_4、CR_8 系数的 t 值较小，说明技术效率、多要素生产率、劳动生产率和 CR_4、CR_8 之间不存在显著的相关关系。从而验证了假设："集中率和生产率之间不是线性关系"。再次验证了本书导论中的假设之一："垄断（竞争）和高技术产业发展之间不是线性关系"。

表 5 – 4　　　　　　　　　CR_4 与生产率回归分析结果

被解释变量	常数项	CR_4	R^2	F
技术效率	0.844 (29.376)	0.000 (−0.457)	0.005	0.209
多要素生产率	0.129 (29.384)	−0.00049 (−0.460)	0.005	0.211
劳动生产率	63.275 (2.045)	1.079 (1.445)	0.043	2.087

注：括号中的数值是 t 检验值。

表 5 – 5　　　　　　　　　CR_8 与生产率回归分析结果

被解释变量	常数项	CR_8	R^2	F
技术效率	0.847 (25.905)	0.000 (−0.494)	0.005	0.244
多要素生产率	0.130 (25.913)	−0.00045 (−0.497)	0.005	0.247
劳动生产率	48.171 (1.380)	1.092 (1.715)	0.060	2.942

注：括号中的数值是 t 检验值。

5.3　利润率与生产率

根据表 3 – 6、表 3 – 7 和表 3 – 8 重新整理成表 5 – 6。技术效率、多要素生产率、劳动生产率和销售利润率、资产利润率、权益利润率之间的关系如图 5 - 7 ~ 图 5 - 15 所示。从图中可以看出，技术效率、多要素生产率、劳动生产率和销售利润率、资产利润率、权益利润率之间的关系不显著。

表 5 - 6　　　　　　　　高技术产业的生产率和利润率

行业代码	技术效率（TE）	多要素生产率（MFP）	劳动生产率LP（千元/人）	销售利润率ROS（%）	资产利润率ROA（%）	权益利润率ROE（%）
2710	0.7172	0.1097	68.99	7.18	4.49	11.16
2720	0.8579	0.1312	107.42	10.01	7.24	15.60
2730	0.8789	0.1344	89.26	9.54	5.84	11.89
2740	0.8069	0.1234	92.79	11.13	6.20	12.65
2750	0.8625	0.1319	61.23	7.69	6.14	14.93
2760	0.8445	0.1291	124.68	11.34	6.53	12.56
2770	0.8487	0.1298	47.74	8.06	6.71	12.54
3681	0.9069	0.1387	126.40	9.14	7.72	14.91
3683	0.7816	0.1195	43.38	5.23	3.63	7.42
3684	0.8877	0.1358	56.11	8.09	8.82	18.67
3685	0.7796	0.1192	64.42	9.69	6.66	17.55
3686	0.8891	0.1360	82.61	2.94	2.63	5.69
3689	0.8239	0.1260	59.71	10.34	11.38	20.89
4011	0.7538	0.1153	98.62	5.39	4.00	12.42
4012	0.9167	0.1402	447.90	8.76	6.77	17.05
4013	0.8662	0.1325	85.74	3.19	3.47	9.31
4014	0.8950	0.1369	477.03	4.27	7.30	17.30
4019	0.8428	0.1289	91.14	10.73	7.46	14.71
4031	0.7111	0.1087	53.89	2.48	1.18	6.26
4032	0.8488	0.1298	47.67	4.97	6.08	14.62
4039	0.8024	0.1227	77.79	4.40	5.58	12.79
4041	0.8689	0.1329	261.35	2.34	6.01	31.62

行业代码	技术效率（TE）	多要素生产率（MFP）	劳动生产率LP（千元/人）	销售利润率ROS（%）	资产利润率ROA（%）	权益利润率ROE（%）
4042	0.8687	0.1328	133.82	5.67	4.39	11.51
4043	0.8834	0.1351	150.03	2.89	5.36	15.79
4051	0.7987	0.1221	163.27	6.37	4.72	10.63
4052	0.8641	0.1321	70.40	6.51	4.41	11.64
4053	0.8074	0.1235	148.09	2.23	1.52	3.13
4059	0.8021	0.1227	92.42	1.78	2.03	5.23
4061	0.7897	0.1208	54.62	5.34	5.18	11.25
4062	0.8174	0.1250	92.11	3.97	3.94	9.86
4071	0.8682	0.1328	150.42	2.41	3.44	9.78
4072	0.8688	0.1329	63.36	3.27	6.71	18.50
4090	0.8610	0.1317	88.81	8.35	7.26	17.14
4111	0.7820	0.1196	70.34	7.71	5.37	13.43
4112	0.8599	0.1315	77.69	6.15	5.46	13.17
4113	0.8908	0.1362	48.96	5.83	4.27	11.08
4114	0.8090	0.1237	54.40	8.54	6.48	15.39
4115	0.8451	0.1292	34.69	4.87	3.40	11.62
4119	0.8105	0.1239	56.18	5.76	4.89	12.73
4121	0.8494	0.1299	85.93	8.27	4.67	8.07
4122	0.8686	0.1328	89.74	12.72	10.02	18.70
4123	0.3954	0.0605	27.60	1.79	0.62	1.53
4125	0.8968	0.1371	74.89	12.35	8.30	17.98
4126	0.9157	0.1400	82.58	10.13	12.67	25.42
4128	0.8317	0.1272	48.06	9.71	6.74	16.66
4141	0.7441	0.1138	38.29	6.56	4.65	9.94
4154	0.9475	0.1449	275.38	4.28	9.32	23.62
4155	0.8832	0.1351	48.30	3.26	4.20	8.58

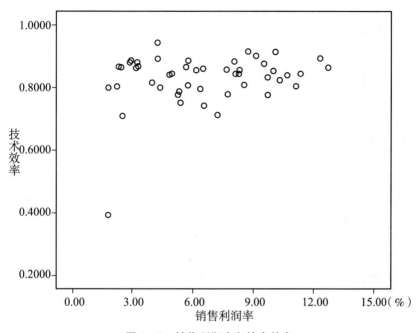

图 5 - 7　销售利润率和技术效率

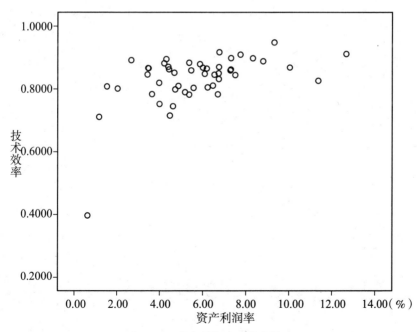

图 5 - 8　资产利润率和技术效率

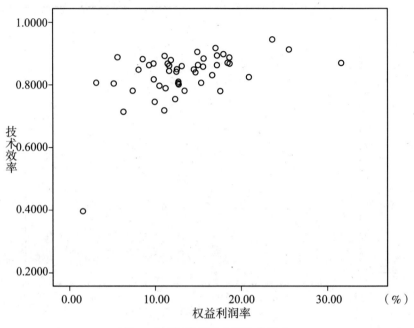

图 5 - 9 权益利润率和技术效率

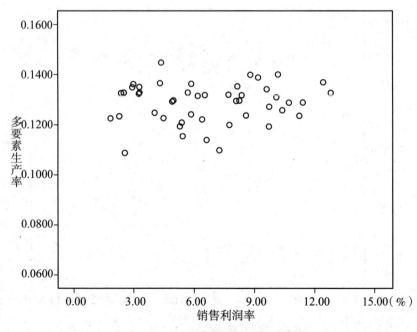

图 5 - 10 销售利润率和多要素生产率

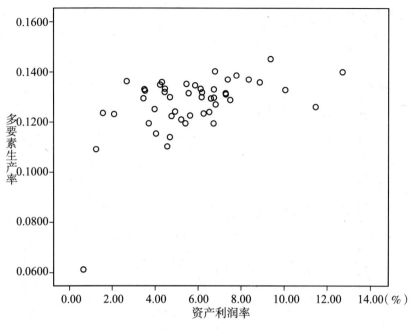

图 5-11 资产利润率和多要素生产率

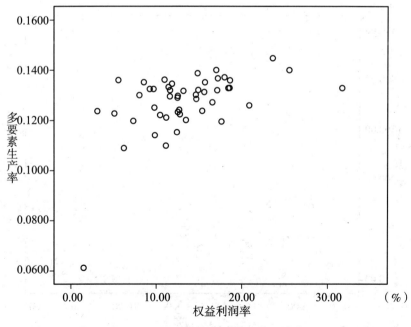

图 5-12 权益利润率和多要素生产率

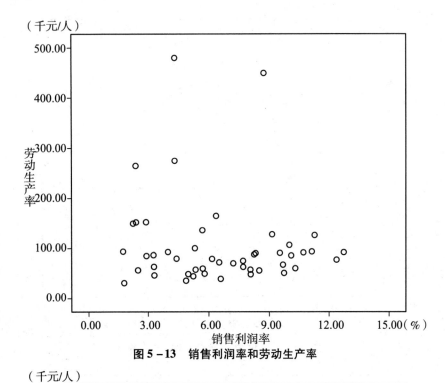

图 5 – 13 销售利润率和劳动生产率

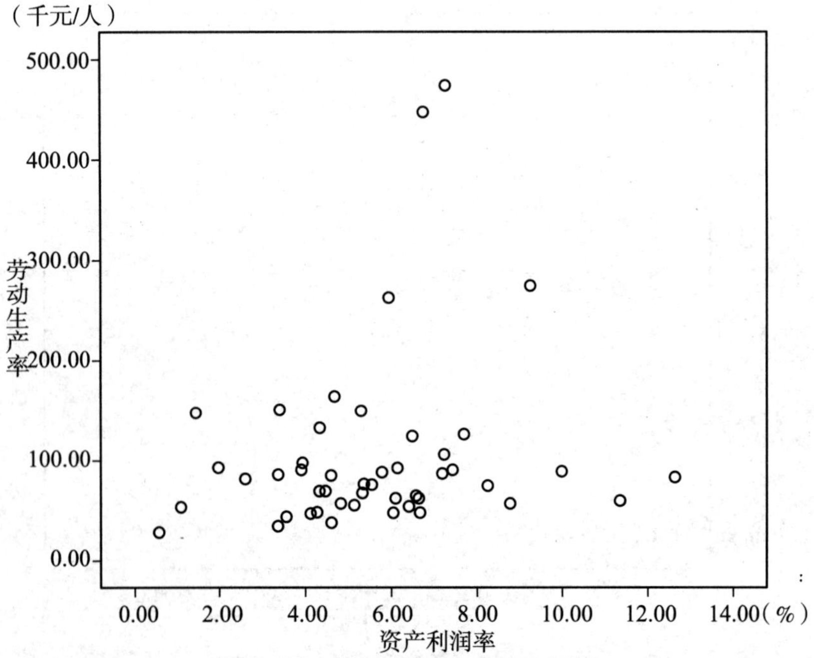

图 5 – 14 资产利润率和劳动生产率

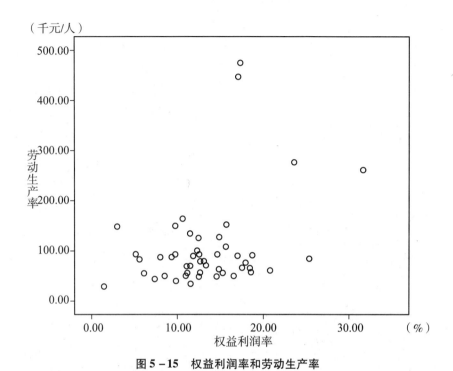

图 5 - 15 权益利润率和劳动生产率

对表 5 - 6 提供的数据，使用统计分析软件 SPSS 进行回归分析，表 5 - 7、表 5 - 8 和表 5 - 9 所示结果表明：

1. R^2 值很小，说明解释变量只能解释被解释变量变化的很小部分，回归模型拟合差。

2. 被解释变量为技术效率、多要素生产率时，第一，F 值较大，说明利润率对技术效率、多要素生产率的影响大于对劳动生产率的影响。第二，销售利润率、资产利润率、权益利润率系数的 t 值较大，说明技术效率、多要素生产率和销售利润率、资产利润率、权益利润率之间存在相关关系，但可能不是线性关系。

3. 使用利润率指标刻画垄断（竞争）程度优于集中率指标，使用技术效率、多要素生产率指标刻画高技术产业发展优于劳动生产率指标。

表5-7 销售利润率与生产率回归分析结果

被解释变量	常数项	销售利润率	R^2	F
技术效率	0.790 (28.426)	0.007 (1.691)	0.059	2.861
多要素生产率	0.121 (28.431)	0.001 (1.686)	0.058	2.842
劳动生产率	123.731 (3.957)	-3.038 (-0.700)	0.011	0.489

注：括号中的数值是 t 检验值。

表5-8 资产利润率与生产率回归分析结果

被解释变量	常数项	资产利润率	R^2	F
技术效率	0.733 (27.746)	0.017 (4.067)	0.264	16.540
多要素生产率	0.112 (27.750)	0.003 (4.065)	0.264	16.524
劳动生产率	67.339 (2.021)	6.452 (1.191)	0.030	1.418

注：括号中的数值是 t 检验值。

表5-9 权益利润率与生产率回归分析结果

被解释变量	常数项	权益利润率	R^2	F
技术效率	0.731 (26.595)	0.008 (3.996)	0.258	15.972
多要素生产率	0.112 (26.600)	0.001 (3.996)	0.258	15.966
劳动生产率	29.629 (0.899)	5.526 (2.433)	0.114	5.918

注：括号中的数值是 t 检验值。

5.4　一个新的研究角度

前面对高技术产业的集中率与利润率、集中率与生产率、利润率与生产率之间关系的实证分析表明，回归方程中忽略了有用的解释变量。如果仅仅研究影响生产率（或利润率）的因素，可以探讨在回归方程中增加新的解释变量；而研究垄断（竞争）与高技术产业发展之间关系的本书，却不能如此，解决这一问题，需要引入新的科学方法，在一定程度上突破老的规范。

早在 1890 年，马歇尔在其名著《经济学原理》中，开创性地将"组织"作为独立于萨伊的劳动、资本和土地三要素之外的第四生产要素。当时，马歇尔使用的"组织"包括企业内的组织形态、产业内企业之间的组织形态、产业之间的组织形态（产业结构）以及国家组织等。后来，著名的美国经济学家梅森和他的学生贝恩，把产业内的企业间关系结构从大杂烩一般的马歇尔"组织"概念中分离出来，规范为产业组织概念。这一专指产业内部关系的"产业组织"概念，得到后人认可，沿用至今。

实质上，所谓"组织"有两种解释：作名词时指特定的系统，前面论述的"产业组织"就是指由某产业内企业间关系构成的特定系统；作动词时指某种特定的运动过程。在这一运动过程中，原来分散的、相对独立的事物形成一个具有整体结构与属性的新系统。

将组织作为一个过程，交易费用经济学早已研究过，只不过，尽管在纵向联合理论、技术转让理论和跨国公司理论领域，交易费用经济学的应用有相当成效，但是，交易费用理论中关于企业替代市场的学说的主要研究对象是交易费用的存在，而忽略了另一形式的市场不完善，即市场结构问题，可以说只在交易费用是市场中唯一的摩擦阻力，即所谓"边缘"上时，交易费用才起决定性的作用，因此，交易费用理论在不发达的市场经济中就很少适用①。

---

① 单伟建：《交易费用经济学的理论，应用及偏颇》；汤敏、茅于轼：《现代经济学前沿专题》，商务印书馆 1989 年版。

除了交易费用经济学外，将组织作为一个过程来研究的还有系统科学。系统科学将结构作为基本范畴，认为系统结构也是元素的组织形式，是元素按一定的秩序进行的排列组合。这里，系统结构是指系统内部组成元素之间在空间或时间方面的联系，或者元素之间相互制约、相互作用的方式。

"组织"和"系统"连成一体的观念，1912 年首先由肯德尔（H. P. Kendall）提出，其后在 20 世纪 40 年代后期至 50 年代初期，在组织理论的研究上，注意了各种社会系统、社会目标和外在环境对行政功能的影响。1962 年，巴纳德（C. I. Barnard）强调任何一个组织和其所处环境中的更大系统之间是互相关联的，组织与组织之间，在某种程度上彼此之间包括了对方的活动，另外，伦敦的塔维斯多克学院（Tavistock Institute of Human Relations）曾大力宣传其"开放系统研究法"（the open-system approach）。他们还提出了"社会—技术系统概念"（The Concept of Socio – Technical System）强调组织乃是一种开放系统，在"输入—转换—输出"的过程中和它的环境互换资源①。

用系统的思想和理论分析社会经济规律已是现代经济分析的必然发展趋势。系统科学已说明，客观世界除了具有数学研究的空间形式和数量关系之外，还存在许多普适关系，认识了这些普适关系，就可以通过两个领域之间的类似性把一个领域的结果应用到另一个上去，这就为人们在经济学领域应用自然科学成果提供了依据。

当代科学发展正处于一个新的转折点，即从简单性科学向复杂性科学发展。传统的研究方法将整体分成若干部分，在分析的基础上进行综合，以简单分解和简单相加的观点来说明整体的性质。然而，正如冯·贝塔朗菲指出的那样，这种方法取决于两个条件："第一，'各部分'之间的相互作用是不存在的，或者微弱到对于某种研究目的可以忽略不计。"这样，"部分"才能被从整体中分解出来，然后再被"组装"。"第二个条件是，描述各部分行为的关系是线性的"，这样，描述各部分行为的方程式才可以叠加成描述整体行为的方程式②。由"相互作

---

① 彭文贤：《系统研究法的组织理论之分析》，联经出版事业公司 1980 年版。

② ［美］冯·贝塔朗菲著，林康义、魏宏森等译：《一般系统论基础、发展和应用》，清华大学出版社 1987 年版。

用"的部分构成的整体不满足上述条件，此时描述各部分行为的是微分方程，而且一般情况下是非线性的。对于这样一个复杂整体，必须应用系统科学的方法，把研究对象自始至终都作为一个系统整体来对待，并从其整体与部分、部分与部分，以及从其与外界环境的联系中加以认识和改造。

系统科学自 20 世纪 40 年代产生以后，改变了世界的科学图景和当代科学家的思维方式，为解决现代科学技术及社会领域中的各种复杂系统问题，提供了新的理论与方法。沟通了自然科学与社会科学的联系，成功地把定量分析的方法引入只进行定性考察的学科中，使科学研究的方法产生了质的飞跃。一旦将垄断（竞争）与高技术产业发展作为一个系统整体研究时，便会显示简单分解和简单相加的传统研究所没有的奇异特征。

卡布尔[1]认为，对线性和非线性经济时间序列进行分析的方法"已在宏观经济学和金融学等经济学领域产生重要影响。我们相信，随着有关数据资料的积累，这些方法在产业经济学领域也会产生重大的影响。"朱永达等[2]建立了由反映需求的 Logistic 方程、反映供给的 Cobb – Douglas 生产函数、供需协调方程、机制转换方程组成的非线性微分方程模型，将所建模型应用于分析河南省机械电子工业系统的 9 个行业的结构调整问题。刘爱民等[3]通过系统动力学模型状态变量的集中化和细化、方程的微分化、表函数的拟合，将系统动力学模型转化为协同发展方程，然后应用自组织理论进行分析。他们认为，组织创新的目的是使系统成为一个自组织系统。

后文将以系统科学中的自组织理论（包括耗散结构论，协同论，突变论）为指导，从动态的角度，考察高技术产业系统，研究垄断（竞争）与高技术产业发展之间关系。

---

① ［英］卡布尔著，于立等译：《产业经济学前沿问题》，中国税务出版社 2000 年版。
② 朱永达等：《部门经济运行机制的理论模型和实证分析——自组织理论的应用》，载《农业工程学报》，1993 年第 3 期。
③ 刘爱民等：《机械化农业生产系统的自组织现象与序参量》，载《北京农业工程大学学报》，1995 年第 1 期。

第6章

高技术产业的自组织

20 世纪 70 年代以来，系统科学又有新的发展。普里高津的耗散结构理论、哈肯的协同学、艾根的超循环理论、托姆的突变理论等一批关于进化机制的自组织理论相继建立，使人们的认识开始从平衡态到非平衡态、从简单到复杂、从混沌到有序、从线性到非线性、从组织到自组织推进。尽管系统动力学也可以研究自组织理论研究的远离平衡的非线性开放系统，但很少涉及系统如何从无序到有序的演化过程；另一方面，尽管普里高津、哈肯等人一再倡导将自组织理论应用于经济领域，这毕竟是极其艰巨的任务，短期内难以完成。这方面的文献不多，而且大多是定性的泛泛而谈。本书尝试将自组织理论特别是协同学应用于高技术产业组织研究。

6.1　组织与自组织的数学描述

协同学创始人哈肯①将自组织定义为："如果系统在获得空间的、时间的或功能的结构过程中，没有外界的特定干预，我们便说系统是自组织的。这里的'特定'一词是指：那种结构和功能并非外界强加给系统的。而且外界是以非特定的方式作用于系统的。"据此，根据组织指令是来自外部还是自己产生出来的，可以把系统分为组织和自组织两

①　［德］H. 哈肯著，郭治安等译：《信息与自组织——复杂系统中的宏观方法》，四川教育出版社 1988 年版。

类。例如，考虑一个由工人组成的集体。如果每个工人按照经理发出的指令，以一定的方式活动时，称它为组织，或更准确地讲，它有组织的功能。如果不存在给出的外部指令，而工人们按照互相默契的某种规则，各尽其责而协调地工作，这种与前面同样的过程被称为自组织①。

下面分别对组织、自组织用精确的数学语言来描述。

考察一个简单系统，在该系统中，原因（外力）F 产生的活动（效应）为 q，假定 q 在短时间 Δt 内的变化与 Δt 和 F 成正比；另外假定系统是耗散系统，即当外力撤除后，系统将返回 q = 0 的状态，则组织的因果关系可表述为：

$$\frac{dq(t)}{dt} = -rq(t) + F(t) \qquad (6-1)$$

其中：r 为阻尼系数，它代表一种耗散机制的强度，上式很大一部分性质由它所决定，所以把它叫作控制参量。

在自组织理论中，用相轨道、概率分布曲线、势曲线等方法来判断系统的稳定性。对于势曲线，是借用力学系统中势的概念对稳定性加以分析和讨论。

由 $\frac{dq}{dt} = -\frac{\partial V}{\partial q}$，便可得到势函数：

$$V = 0.5rq^2 - Fq \qquad (6-2)$$

当 r 为正时，从式（6-2）得到的势函数曲线如图 6-1（a）所示，它有一个稳定的平衡位置，即 q = F/r 时的位置。

当 r 为负时，从式（6-2）得到的势函数曲线如图 6-1（b）所示，它有一个非稳定的平衡位置，即 q = F/r 时的位置。

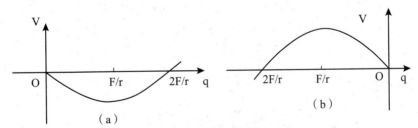

图 6-1　组织的势函数曲线

① ［德］H. 哈肯著，张纪岳、郭治安译：《协同学导论》，西北大学科研处，1981 年。

r 的大小，决定 q(t) 变化的快慢，r 大时动作快，q(t) 为快变量；r 小时动作慢，q(t) 为慢变量，在环境相对于系统稳定得多的情况下，即当系统固有的时间常数 $t_0 = 1/r$ 远小于外力本身所固有的时间常数时，可使用绝热消去原理，使

$$\frac{dq}{dt} \approx 0$$

由式（6-1）解得：

$$q(t) \approx \frac{1}{r} F(t)$$

因此，在绝热近似下，式（6-1）被哈肯用来定量的描述组织[1]。

如果外部力 F 是整个系统的一部分，即系统处于自组织状态，哈肯使用式（6-3）和式（6-4）来描述这个系统。

$$\frac{dq_1}{dt} = -r_1 q_1 - a q_1 q_2 \qquad (6-3)$$

$$\frac{dq_2}{dt} = -r_2 q_2 + b q_1^2 \qquad (6-4)$$

当 $q_1 = 0$ 时，要求系统（6-4）是阻尼的，即 $r_2 > 0$。

与前面的情况相比，q_1 与 F 相当，q_2 与 q 相当，仍然使用绝热消去原理，为此要求：r_2 大大于 r_1，即 q_1 是慢变量，q_2 是快变量，于是利用

$$\frac{dq_2}{dt} = 0$$

由式（6-4）解得：

$$q_2(t) = r_2^{-1} b q_1^2(t) \qquad (6-5)$$

上式表明，子系统（6-4）受子系统（6-3）支配，但是它对子系统（6-3）也有反作用，把式（6-5）代入式（6-3）得：

$$\frac{dq_1}{dt} = -r_1 q_1 - \frac{ab}{r_2} q_1^3 \qquad (6-6)$$

对于上式，由

$$\frac{dq_1}{dt} = -\frac{\partial V}{\partial q_1}$$

---

[1] ［德］H. 哈肯著，张纪岳、郭治安译：《协同学导论》，西北大学科研处，1981 年。

解得其势函数 V 为：

$$V = 0.5r_1q_1^2 + \frac{ab}{4r_2}q_1^4 \qquad (6-7)$$

从上式得到的势函数曲线如图 6 – 2 所示。它有两个状态，即 $r_1 > 0$ 和 $r_1 < 0\left(\frac{ab}{r_2} > 0\right)$。因为，在平衡位置 $\frac{dq_1}{dt} = 0$，所以：

1. 当 $r_1 > 0\left(\frac{ab}{r_2} > 0\right)$ 时，方程（6 – 6）有唯一稳定解 $q_1 = 0$，如图 6 – 2（a）所示。此时，$q_2 = 0$，说明系统中完全不产生活动。

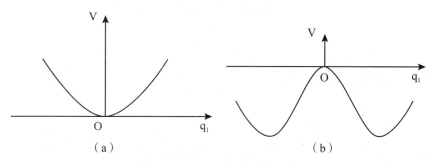

（a）　　　　　　　　　　　　　（b）

图 6 – 2　自组织的势函数曲线

2. 当 $r_1 < 0\left(\frac{ab}{r_2} > 0\right)$ 时，方程（6 – 6）有三个解：

$$\begin{cases} q_1 = 0 \\ q_1 = \pm\sqrt{\dfrac{|r_1||r_2|}{ab}} \end{cases}$$

第一个解是不稳定的，第二、第三个解稳定，如图 6 – 2（b）所示。此时，在稳定平衡位置，$q_2 \neq 0$，说明在由子系统（6 – 3）和子系统（6 – 4）所组成的系统中，由于内部的某种原因产生了有限量 q_2，即出现了活动。像 q_1 这样对系统的演变起决定作用的变量被哈肯称为序参量。

前述式（6 – 1）、式（6 – 3）、式（6 – 4）是用连续时间模型来描述现实系统，同一个现实系统也可以用离散时间模型来描述[1]。后者在

---

[1]　张金水：《确定性动态系统经济控制论》，清华大学出版社 1989 年版。

实际应用时，易于采集数据和参数估计。

将连续系统式（6-1）离散化，其对应的离散系统为：

$$q(k) = (1-r)q(k-1) + F(k-1) \qquad (6-8)$$

同样，将式（6-3）和式（6-4）所描述的连续系统离散化，其对应的离散系统为：

$$q_1(k) = (1-r_1)q_1(k-1) - aq_1(k-1)q_2(k-1) \qquad (6-9)$$

$$q_2(k) = (1-r_2)q_2(k-1) + b[q_1(k-1)]^2 \qquad (6-10)$$

6.2　系统分类和系统结构

6.2.1　系统分类

经济系统和其他系统一样，可以分为三类：

1. 孤立系统——是指与外界基本上没有联系的系统，这种经济系统类似于原始社会经济，系统与外界没有人员与物质的交流，从而不易进行新陈代谢。

2. 封闭系统——是指与外界只有资金、产品和设备等少量物质交流而无人员交流的系统，这种经济系统类似于以自给自足的自然经济为主的封建经济，闭关自守，万事不求人，是一种保守、僵化没有生机的"死"结构。

3. 开放系统——是与外界既有物质又有人员交流（甚至包括信息交流）的系统。实际存在的大量经济系统都是开放系统，它们通过输入矢量和输出矢量，与周围环境不断发生多方面的交流，相互影响。

6.2.2　系统结构

系统结构是构成系统的大量子系统之间的组织状态以及相互联系的反映。当系统具有一定规律性的结构时，称为有序结构，或者称有序状态（简称有序）。如周期性的经济波动以及宏观的产业结构等，这种结构越复杂，说明经济系统有序度越高。当系统具有无分布规律可循的结构时，称为无序结构，或者称无序状态（简称无序）。所谓系统结构的"规律"是指系统的结构有无一定的周期性和重复性。

在热力学中，用"熵"这个概念来作为系统无序程度的量度。美国著名经济学家罗根认为，经济活动实际上是生物进化在人类水平上的延伸和补充，而凡是有进化的地方就有熵定律起作用[①]。因此，熵概念也可以应用于经济系统。

6.2.3 各类系统的熵和结构

6.2.3.1 孤立系统

热力学第二定律指出，对于一个非平衡的孤立系统，它的熵 S 总是自发地趋于极大，最后达到平衡态，即

$$\frac{dS}{dt} \geq 0$$

上式等于零时对应平衡态，也就是说，熵越低其非平衡度越高；熵越高越接近于平衡态。根据稳定性判别原理，由于

$$S \times \frac{dS}{dt} \geq 0$$

所以孤立系统在非平衡态下是一个不稳定系统，只能从非平衡态自发地转变到平衡态去，而不能做逆转变。

另外，统计力学指出，在一个由大量子系统组成的系统中，存在玻尔兹曼的熵函数关系：

$$S = k\ln W \tag{6-11}$$

其中：k 是玻尔兹曼常数，W 是热力学概率，即与任一给定的宏观态相对应的微观态数，也就是宏观状态出现的概率。热力学概率越大，表示系统的状态越混乱无序。所以，式（6-11）表明，高熵对应于无序程度增大，而低熵则对应于有序程度增大。

综合上述两方面，在一个孤立系统中，非平衡态总是自发地趋于平

---

① 张彦、林德宏：《系统自组织概论》，南京大学出版社 1990 年版。

衡态，相应地随着熵的不断增加，有序会不断转变为无序。而不可能自发地从无序转变为有序结构。在原始社会的早期和中期，在长达几十万年的时间里，每个部落便是一个孤立的经济系统，它们各自独立发展，没有从外界输入负熵流来降低系统内的熵产生，造成系统总熵不断增加，导致系统越来越无序，最后走向经济系统丧失生命力的完全无序的混乱状态，达到"死"的平衡。到原始社会后期，由于金属工具的使用，提高了劳动生产率，出现了剩余产品。随着家庭、私有制的产生，部落之间有了联系，原始社会经济系统开始发生少量的物质交换，从而，由孤立系统逐步演变为封闭系统。

6.2.3.2　封闭系统

同样，根据经典热力学和统计力学可以推得，在封闭系统中，在一定条件下，存在着形成低熵有序结构的可能性[①]。在封闭经济系统内，多层次的子系间，一方面，资金、产品、生产工具和信息等物质有少量交换，形成子系间少量的协同配合关系；另一方面，不能交换的大量物质，只能均匀地分布在原有封闭系统的空间内，呈现出"死"平衡的协调同步状态，或者说停滞状态的稳定有序结构。这是不以人的意志为转移的。上千年的封建社会经济如此，我国改革前的封闭状态也如此。

6.2.3.3　开放系统

对于一个开放系统，在时间间隔 dt 内，系统熵 S 的改变 dS 由两部分组成，如图 6 - 3 所示：

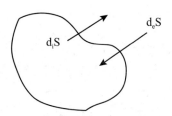

图 6 - 3　系统熵 S 的改变

---

①　湛垦华、沈小峰：《普利高津耗散结构理论》，陕西科学技术出版社 1982 年版。

$$dS = d_eS + d_iS \qquad (6-12)$$

其中 d_eS 是系统与外界进行交流而引起的熵流，d_iS 是系统本身的不可逆过程所引起的熵增加（或称熵产生）。

根据热力学第二定律，恒有 $d_iS \geq 0$，在孤立系统中根本没有熵流，因此 $dS = d_iS \geq 0$。在开放系统中，熵流 d_eS 可以大于或小于零。当 d_eS 小于零，并且使 $dS = d_eS + d_iS < 0$ 时，总熵可以逐步减小，系统便会自动趋向更为有序的状态。当 $d_iS = -d_eS$，即 $dS = 0$ 时，系统可维持一个低熵的非平衡定态的有序结构。这种非平衡态下的新的有序结构，被普利高津等人称为耗散结构。

普利高津等人指出，一个远离平衡的开放系统，在外界条件变化达到某一特定阈值时，量变可能引起质变，系统通过不断地与外界交换能量和物质自动产生一种自组织现象，组成系统的各子系统会形成一种互相协同的作用，从而可能从原来的无序状态转变为一种时间、空间或功能的有序结构，即耗散结构。

因此，对于一个开放经济系统，可以从环境中找到差异，形成势差，使系统产生消除差异的努力，如果系统处于平衡态附近的线性的非平衡区，运动过程基本上仍趋向平衡，趋向无序，只不过不是静止平衡态，而是一种动平衡态，只要继续坚持开放，将系统拖进到非线性，非平衡区，就有希望形成一个"活"的、有生命的、越来越高级的、越来越兴旺发达的耗散结构经济系统。

6.3　产业组织的演化机理

6.3.1　非平衡的开放系统

本书研究的每一个产业，都要与外界进行人员、劳务、物质、能源、货币、信息等交流，因此，每个产业系统都是开放系统。

对于一个开放系统，既可以处于平衡态，也可以处于非平衡态。这里对于平衡与非平衡不同学科有不同的理解。

在力学中，平衡是一种所有质点的速度和加速度均等于零的特殊状态。对立的诸种力量对系统产生的作用正好互相抵消，总的结果等于零。

在热力学中，平衡是根据表征整个系统的集合性质来定义的，而不管构成系统的分子是否运动。对于一个置于某环境之中的系统，可以用一组性质参数来表征系统和环境，记作 X_i 和 X_{ie}，如果 $X_i = X_{ie}$，则系统处于热平衡状态。热平衡态是一种定态，

$$\frac{\partial X_i}{\partial t} = 0$$

由于所讨论的性质 X 是等同的，系统与环境之间没有交换关系，所以这是一种特殊的定态。

在经济学中，与力学平衡对应的是均衡。在西方经济学中，均衡有两种含义。第一种含义系指市场均衡，即市场上的供求相等。这种含义被马歇尔、瓦尔拉和大多数后来继承新古典传统的经济学家们所使用。均衡一词的第二种含义是指构成某一经济系统的相互作用的变量，它们的值经过调整，使该系统不再存在继续变动的倾向。这种含义被马克卢普（Machlup）[1] 用来描述一个系统的"静止状态"。

把第二种含义用于产业系统，则不管产业组织处于什么状态，（比如竞争或垄断）只要这些状态通过各种变量的数值的调整，不断地向某一点收敛，在这一点，由于各企业考虑到各种因素，使各自的行为得到相互的协调，产业组织的状态不再变动，这就是一种均衡。本书不在这种含义下使用均衡，更不在第一种含义下使用均衡。本书使用的均衡类似于热力学平衡，为了区别，下文不再使用均衡一词，改用平衡。

在本书研究的产业系统中，是用生产率和利润率来表征系统，当产业与环境的生产率和利润率均相等时，也就是，当所有产业的生产率和利润率都相等时，本书定义产业系统处于平衡状态。实际中各产业的生产率存在着差异，利润率也存在着差异，因而，实际的产业系统处于非平衡态。

系统处于平衡态，不可能产生新的有序结构，甚至系统处于离平衡态不远的近平衡区，并与外界有物质、能量的交换，普利高津证明，其自发趋势也是回到平衡，而不会产生新的有序结构。只有当系统处于非

---

① Machlup, F., "Equilibrium and Disequilibrium: Misplaced Concreteness and Disguised Pololocs", Economic Journal, 1958, 68: 1 – 24.

平衡态时，才能产生新的有序结构。

　　对于某一个产业系统而言，如果处于平衡或近平衡状态下，要产生大的结果，就要有一个大的变动。但是，如果该系统被推入一个远离平衡的状态，而且这时占统治地位的是一些非线性的关系，系统就完全两样了，它们变得对外部影响特别敏感，小的输入能产生巨大而惊人的效果。整个系统可能以人们觉得异乎寻常的方式重新组织它自己。

6.3.2　通向自组织之路

　　根据耗散结构理论，一个非平衡系统的演变过程，可以用图 6 - 4 简单地表明。

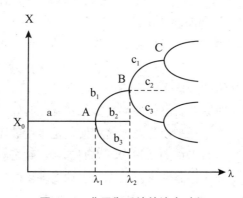

图 6 - 4　非平衡系统的演变过程

　　其中 X 为系统的状态变量，λ 为控制参量。在图中的 a 段，系统处于近平衡区，此时 λ 较小，控制变量和系统的状态一一对应，这是由于，在平衡态及其邻域，系统能使内部的涨落和外部的扰动衰减下来，力求恢复原来的平衡态。这一分支称为热力学分支，所得解是唯一的。但是，当 λ 超过一个临界值 λ_1 时，热力学分支的状态变得不稳定，涨落或外界扰动的作用不能再被衰减。系统一方面离开原来的热力学分支，另一方面在三个分支 b_1、b_2、b_3 之间作出选择，如果控制参数 λ 变化缓慢，系统只在稳定 b_1 和 b_3 之间选择，此时，b_1、b_3 被选中的可能性是相同的，都为 50%（假定分叉处均具有良好的对称性）。系统究

竟是选 b_1 还是选 b_3，这完全由涨落决定，而涨落是人们完全无法控制的。但是系统一旦跳到某一支上（如 b_1），这时系统状态又重新变得稳定。小的涨落不再能对新结构产生影响。这样最初偶然选 b_1 的一个小小的涨落被选择并被放大成为新的有序态，而 b_3 以及由它分叉出的其他分支永远失去了机会，它们再也不会变成系统的实际态了。如果控制参数 λ 改变很快，系统还来不及发生变化，状态参量 X 仍然留在原分支附近，系统处于不稳定的 b_2 支。

当 λ 更大时，例如达到 $λ_2$ 之后，又会发生第二级分叉，在 B 点之后，会出现 c_1、c_2、c_3 三个解，形成分支的分支。世界发展至今经过了无数次分叉，而每次都曾在各种可能性中由极为偶然的涨落作过选择，因此，涨落在系统演化过程中起到了道路选择者的作用。

经济系统中的"涨落"是指对一定经济结构平均值的偏离，它可以分为内部"涨落"和外部"涨落"，前者主要指新技术的发明、新产品的问世、生产过程中各种经济协作形式的变动、新的管理思想、产品价格的波动、产品需求量的变化等，后者主要指新资源的发现、战争、自然灾害、国家政策的变化等。无论是外部涨落还是内部涨落都会造成经济系统在宏观上对原有状态的偏移。如果系统此时处于热力学分支点之前，即在平衡状态或近平衡状态，这种偏移是一种破坏稳定有序的干扰，起着消极作用，在以往的认识中，人们都认识到了涨落的这种消极作用，通过各种手段来抑制涨落。然而，在远离平衡的非线性区，这种随机的涨落中蕴藏着非常积极的因素，是形成新的稳定有序状态的杠杆，系统演化到远离平衡的非线性区，通过涨落发生突变，产生一种有序的结构，这种有序的结构又具有一定的功能。系统的功能、时空结构和涨落之间的相互联系、相互制约的关系如图 6-5 所示。

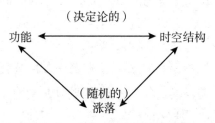

图 6-5 功能、时空结构和涨落

涨落可能引起功能的局部改变，如果调整的机制不合适，这种局部改变会引起整个宏观时空结构的改变，这又反过来决定未来的涨落范围。普利高津[①]认为："功能⇔结构⇔涨落之间的相互作用，是理解社会结构及进化的基础。"

过去把社会结构看作是静态的，看作是处于平衡态的，现在人们知道，结构并不是天生固定的，而要从其产生中去理解。哈肯[②]总结了自然社会中丰富多样的事例后认为，结构的形成服从普遍有效的规律性，即使在无生命的物质界，也会从混沌中产生出组织良好的新型结构，并能在不断输入能量时维持这些结构。而且在结构形成过程中不是如热力学所预言的那样，也不是始终在增加无序，而是恰恰相反，把原来无序的各个部分吸引到已经存在的有序状态中来，并在行为上受其支配，很多个体，不管是原子、分子、细胞还是动物或人，都以其集体行为，一方面通过竞争，另一方面通过合作，间接地决定着自己的命运。这种决定常常是被动的，而不是自动的。在转折点附近，改变外部条件，系统将通过不断的涨落检验宏观有序的新可能，新的集体行为方式被不断强化，最后支配所有其他的集体运动。

6.3.3　序参量

在整个自组织系统进化的过程中，系统各个部分像由一只"看不见的手"在驱动排列；另一方面，正是这些个别系统通过其协同作用，又反过来创造了这只"看不见的手"。哈肯[③]将这只能安排一切的"看不见的手"称为"序参量"。描述宏观的有序化，无需知道极多自由度的详情，而只需把握某一个或几个对系统的演变起主导作用的自由度，序参量就是这种能反映系统有序程度的自由度，当系统处于完全无规律和混沌态时，其序参量为零。随着外界条件的变化，序参量也在逐渐变化。当接近临界时，序参量增大得很快。最后在临界区域，序参量突变到最大值。序参量的突变意味着在宏观结构上发生了质变。根据具体条

①　沈小峰等：《耗散结构论》，上海人民出版社 1987 年版。

②③　［德］H. 哈肯著，戴鸣钟译：《协同学——自然成功的奥秘》，上海科学普及出版社 1988 年版。

件列出序参量所遵守的演化方程，原则上讲就可以描写从无序到有序的变化过程及其所形成的结构。

另外熵以及与熵有关的参量也可用于衡量系统进化程度的判据，可以把熵减少的多少或熵与最大熵的差值作为组织化的量度，熵减小的方向即系统进化的方向。但由于在系统发生质变的临界点上，熵判据显得过于粗糙，因此本书选序参量作为自组织系统进化的特征参量。

6.4 产业系统自组织模型

自组织理论给人们的直接启示是，在经济系统内部存在着非线性机制。虽然许多经济学家早已认识到，非线性元素必须出现在经济模型中，但是用什么方法、在什么地方把它引进来仍在探讨中。本书在建立自组织理论模型的过程中，尝试借鉴系统动力学的建模方法。系统动力学经过多年的发展，已有了较为成熟的建模方法及专用计算机仿真语言，自组织理论完全可以借鉴和吸收。实际上，自组织理论在经济科学研究领域的应用，是将自组织理论的方法与经济科学中已有的成果相结合，而不是直接由自组织理论得出经济学的普遍性结论[1]。

6.4.1 产业系统的因果回路图

除了市场结构外，经济学家们曾提出过许多种可能引起生产率变化的原因，然而，正如纳尔逊[2]所说，对于其中的哪一个原因最值得注意，并没有形成一致的看法。

现在换一个角度，首先来考察下述关系：

生产率变化和产出增长率之间存在着正相关。

如果用劳动生产率来表述的话，这一关系就是 P. J. 维多尔恩

---

① 刘波：《建立经济系统自组织理论模型的一种方法》，载《系统工程理论与实践》，1997 年第 5 期。

② Nelson, R. R., "Research on Productivity Growth and Productivity Differences: Dead Ends and News Departures", Journal of Economic Literature, 1981, 19: 1029 – 1064.

（Verdoorn）[①] 于 1949 年提出的维多尔恩定律（Verdoorn's Law）。不同经济学家对这一关系提出过不同的解释。

图 6-6 所示产业系统的因果回路图包含了如下假设：

1. 根据卡尔多（Kaldor），需求增长使得产出增长，因而导致了规模经济，所以生产率随之增长[②]。

2. 根据索尔特（Salter），技术推动生产率增长，使得产出的相对价格下降，因而导致了需求和产品增长。

3. 对于高技术产业来说，增强规模经济可以增加垄断程度，由此带来的利润率增长可以导致潜在竞争者数的增加，从而促进技术进步。

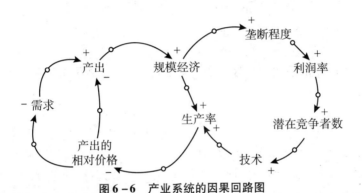

图 6-6　产业系统的因果回路图

由需求、产出、规模经济、生产率和产出的相对价格组成的回路为正反馈回路，由产出、规模经济、生产率、产出的相对价格组成的回路也是正反馈回路。对于产出 Y，它正比于生产率 MFP，即：

$$Y = k_1(MFP)$$

而生产率的变化率 $\dfrac{d(MFP)}{dt}$ 正比于产出 Y，即：

$$\frac{d(MFP)}{dt} = k_2 Y = k_2 k_1(MFP)$$

① Verdoorn, P. J., "Factors that Determine the Growth of Labour Productivity", McCombie, John, Maurizio Pugno and Bruno Soro, "Productivity Growth and Economic Performance: Essays on Verdoorn's Law", New York: Palgrave Macmillan, 2002.

② R. 库牧斯等著，中国社会科学院数量经济技术经济研究所技术经济理论方法研究室译：《经济学与技术进步》，商务印书馆 1989 年版。

其中 k_1 和 k_2 都是比例参数，令 $r_1 = -k_1k_2$，则上式可写为：

$$\frac{d(MFP)}{dt} = -r_1(MFP) \qquad (6-13)$$

由需求、产出、规模经济、垄断程度、利润率、潜在竞争者数、技术、生产率和产出的相对价格组成的回路为正反馈回路，由产出、规模经济、垄断程度、利润率、潜在竞争者数、技术、生产率和产出的相对价格组成的回路也是正反馈回路。对于产出 Y，它正比于利润率 m，即：

$$Y = k_3m$$

而利润率的变化率 $\frac{dm}{dt}$ 正比于产出 Y，即：

$$\frac{dm}{dt} = k_4Y = k_4k_3m$$

其中 k_3 和 k_4 都是比例参数，令 $r_2 = -k_3k_4$，则上式可写为：

$$\frac{dm}{dt} = -r_2m \qquad (6-14)$$

6.4.2 产业系统流图

考虑到生产率和利润率之间的相互作用，相互影响，用系统科学的语言来说，这两个子系统之间是耦合的。根据图 6-6 可以得到产业系统流图，如图 6-7 所示。

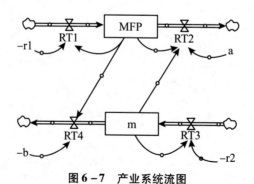

图 6-7 产业系统流图

6.4.3　系统方程

根据图 6 - 7 可写出系统的方程：

L　MFP. K = MFP. J + DT × (RT1. JK – RT2. JK)

R　RT1. KL = – r1 × MFP. K

R　RT2. KL = a × MFP. K × m. K

L　m. K = m. J + DT × (RT3. JK – RT4. JK)

R　RT3. KL = – r2 × m. K

R　RT4. KL = – b × MFP. K × MFP. K

将速率方程代入状态方程并整理得：

(MFP. K – MFP. J)/DT = – r1 × MFP. K – a × MFP. K × m. K

(m. K – m. J)/DT = – r2 × m. K + b × MFP. K × MFP. K

脱去 DYNAMO 符号，并令 DT 趋于 0，得：

$$\frac{d(MFP)}{dt} = -r_1(MFP) - a(MFP)m \qquad (6-15)$$

$$\frac{dm}{dt} = -r_2 m + b(MFP)^2 \qquad (6-16)$$

方程（6 – 15）和（6 – 16）类似于自组织方程（6 – 3）和（6 – 4）。只要建立了模型，有了反映系统演化的微分方程式，就可以按照自组织理论进行研究，得出一系列结果。

6.5　高技术产业系统序参量的确定

6.5.1　数据生成

由于动态分析需要时间序列数据，而前面使用的都是我国高技术产业 2003 年的横截面数据，因此需要重新生成生产率数据和利润率数据。

6.5.1.1 生产率再测算

使用工业增加值表示总产出、平均职工人数表示劳动、年末固定资产原价表示资本，尽管资本数据可以采用王玲和亚当·西泽尔麦伊（Ling Wang and Adam Szirmai）[1] 估算的固定资本存量净值，由于时间段不同、统计口径不同、估计值基于一系列很强的假定前提等原因而不予采用。高技术产业各行业的数据如表6-1~表6-3所示。由于高技术各行业差异很大，所以具体剖析了高技术的电子及通信设备制造业，其数据如表6-4~表6-6所示。

表6-1　　　　　　　　　高技术产业的工业增加值　　　　　　　单位：亿元

行业	1998 年	1999 年	2000 年	2001 年	2002 年	2003 年
医药制造业	432.91	514.86	633.88	722.43	834.65	1024.92
航空航天器制造业	87.41	92.04	105.64	124.12	148.69	140.90
电子及通信设备制造业	869.75	1122.23	1471.26	1622.72	1939.17	2571.67
电子计算机及办公设备	265.95	241.42	374.28	432.36	603.96	1021.55
医疗设备及仪器仪表制造	129.31	136.58	173.69	193.17	242.12	274.98

资料来源：国家统计局等：《中国高技术产业统计年鉴——2004》，中国统计出版社2004年版。该年鉴中不含核燃料加工、信息化学品制造两行业。

表6-2　　　　　　　高技术产业的从业人员年平均人数　　　　　　单位：人

行业	1998 年	1999 年	2000 年	2001 年	2002 年	2003 年
医药制造业	1037389	998826	995641	1029916	1055038	1153951
航空航天器制造业	500309	494095	456531	417332	391585	344182
电子及通信设备制造业	1652961	1663252	1737523	1768646	1926823	2227398
电子计算机及办公设备	214934	208973	238793	294665	387099	594252
医疗设备及仪器仪表制造	521264	479584	471297	472905	478383	453040

资料来源：国家统计局等：《中国高技术产业统计年鉴——2004》，中国统计出版社2004年版。该年鉴中不含核燃料加工、信息化学品制造两行业。

---

[1] Wang, Ling and Adam Szirmai, "Technological Inputs and Productivity Growth in China's High-Tech Industries", Eindhoven Centre for Innovation Studies Working Paper No. 03.27, Eindhoven University of Technology, 2003.

表 6 – 3　　　　　　高技术产业的年末固定资产原价　　　　单位：万元

行业	1998 年	1999 年	2000 年	2001 年	2002 年	2003 年
医药制造业	5990765	6515423	7320433	8606152	21476811	10825460
航空航天器制造业	3749252	3962072	4410570	4874153	5202258	5192252
电子及通信设备制造业	11814917	14082574	16034004	22097932	26839454	31306911
电子计算机及办公设备	1314841	1433787	1749579	2347924	3108705	5606254
医疗设备及仪器仪表	2084862	2041367	1900359	2237367	2206557	2475522

资料来源：国家统计局等：《中国高技术产业统计年鉴——2004》，中国统计出版社 2004 年版。该年鉴中不含核燃料加工、信息化学品制造两行业。

表 6 – 4　　　　　电子及通信设备制造业的工业增加值　　　　单位：亿元

行业	1998 年	1999 年	2000 年	2001 年	2002 年	2003 年
通信设备制造	320.49	388.13	560.86	741.31	752.07	998.84
雷达及配套设备制造	6.81	7.81	9.59	16.11	18.35	21.32
广播电视设备制造	4.61	6.48	8.96	7.53	12.18	17.57
电子器件制造	109.31	179.89	248.6	222.3	287.29	481.14
电子元件制造	166.56	235.93	271.7	303.25	378.51	526.41
家用视听设备制造	227.04	262.04	288.11	251.77	410.52	437.81
其他电子设备制造	34.93	41.95	83.44	80.47	80.24	88.58

资料来源：国家统计局等：《中国高技术产业统计年鉴——2004》，中国统计出版社 2004 年版。

表 6 – 5　　　　电子及通信设备制造业的从业人员年平均人数　　　单位：人

行业	1998 年	1999 年	2000 年	2001 年	2002 年	2003 年
通信设备制造	318600	316329	324066	341689	345274	385486
雷达及配套设备制造	67405	56156	54161	49376	44449	38178
广播电视设备制造	30548	24966	21404	23215	23998	34267
电子器件制造	258913	261075	268611	263316	289345	381084
电子元件制造	556413	581879	645061	677220	765343	890689
家用视听设备制造	342679	322016	317255	304099	347982	397968
其他电子设备制造	78403	100831	106965	109731	110432	99726

资料来源：国家统计局等：《中国高技术产业统计年鉴——2004》，中国统计出版社 2004 年版。

表 6-6　　　　　　电子及通信设备制造业的年末固定资产原价　　　单位：万元

行业	1998 年	1999 年	2000 年	2001 年	2002 年	2003 年
通信设备制造	2605821	2832745	3528277	4911289	7032607	5888596
雷达及配套设备制造	336581	407923	446171	405707	460801	391138
广播电视设备制造	78980	79592	83994	76914	77221	94001
电子器件制造	4227646	5423775	5977446	8444652	10375716	12944555
电子元件制造	2361723	2681512	3084520	4740692	5989718	8250995
家用视听设备制造	2007645	2450349	2667260	3014005	2437729	3124335
其他电子设备制造	196523	206678	246336	504674	465663	613291

　　资料来源：国家统计局等：《中国高技术产业统计年鉴——2004》，中国统计出版社 2004 年版。

　　根据 3.4 节的生产率计量模型，使用 Frontier 4.1 软件和表 6-1～表 6-3 组成的版面数据，进行参数估计，结果见表 6-7。根据 Frontier 4.1 估计的技术效率水平见表 6-8，根据式（3-22）计算的多要素生产率见表 6-9。

表 6-7　　　　　　高技术产业 Frontier 4.1 估计结果

参数	估计值	标准差	t 检验值
ln A	-7.3903	0.9989	-7.3986
α	0.4575	0.6906	0.6624
β	0.6031	0.7965	0.7572
σ^2	0.9853	1.0000	0.9853
γ	0.9671	0.9226	1.0482
μ	0.0006	1.0000	0.0006

log likelihood function = 2.1431 ***
LR test of the one - sided error = 61.1356

　　注：LR 为似然比检验统计量，此处它符合混合卡方分布（Mixed Chi - squared Distribution）。

表 6 - 8　　　　　　　　　高技术产业的技术效率

行业	1998 年	1999 年	2000 年	2001 年	2002 年	2003 年
医药制造业	0.1261	0.1430	0.1610	0.1800	0.1998	0.2204
航空航天器制造业	0.0439	0.0531	0.0635	0.0752	0.088	0.1021
电子及通信设备制造业	0.1477	0.1659	0.1851	0.2051	0.2259	0.2473
电子计算机及办公设备	0.3797	0.4027	0.4256	0.4483	0.4707	0.4928
医疗设备及仪器仪表	0.1038	0.1192	0.1357	0.1533	0.1718	0.1913

表 6 - 9　　　　　　　　　高技术产业的多要素生产率

行业	1998 年	1999 年	2000 年	2001 年	2002 年	2003 年
医药制造业	0.78E－04	0.88E－04	0.99E－04	1.11E－04	1.23E－04	1.36E－04
航空航天器制造业	0.27E－04	0.33E－04	0.39E－04	0.46E－04	0.54E－04	0.63E－04
电子及通信设备制造业	0.91E－04	1.02E－04	1.14E－04	1.27E－04	1.39E－04	1.53E－04
电子计算机及办公设备	2.34E－04	2.49E－04	2.63E－04	2.77E－04	2.91E－04	3.04E－04
医疗设备及仪器仪表	0.64E－04	0.74E－04	0.84E－04	0.95E－04	1.06E－04	1.18E－04

　　根据 3.4 节的生产率计量模型，使用 Frontier 4.1 软件和表 6 - 4 ~ 表 6 - 6 组成的版面数据，进行参数估计，结果见表 6 - 10。根据 Frontier 4.1 估计的技术效率水平见表 6 - 11，根据式（3 - 22）计算的多要素生产率见表 6 - 12。

表 6 - 10　　　　　电子及通信设备制造业 Frontier 4.1 估计结果

参数	估计值	标准差	t 检验值
ln A	- 4.6916	1.0034	- 4.6758
α	0.2577	0.1085	2.3761
β	0.5956	0.1387	4.2932
σ^2	0.2947	0.1145	2.5744
γ	0.9117	0.0272	33.5720
μ	1.0367	0.3584	2.8925

log likelihood function = 0.9500

LR test of the one-sided error = 74.8983

　　注：LR 为似然比检验统计量，此处它符合混合卡方分布（Mixed Chi-squared Distribution）。

表 6 – 11　　　　　　　　　电子及通信设备制造业的技术效率

行业	1998 年	1999 年	2000 年	2001 年	2002 年	2003 年
通信设备制造	0.5370	0.5701	0.6019	0.6321	0.6607	0.6877
雷达及配套设备制造	0.0372	0.0511	0.0682	0.0884	0.1118	0.1382
广播电视设备制造	0.0684	0.0887	0.1121	0.1386	0.1678	0.1994
电子器件制造	0.1644	0.1957	0.2292	0.2643	0.3006	0.3377
电子元件制造	0.1450	0.1748	0.2069	0.2410	0.2765	0.3132
家用视听设备制造	0.2877	0.3245	0.3618	0.3991	0.4362	0.4727
其他电子设备制造	0.1979	0.2315	0.2666	0.3030	0.3401	0.3775

表 6 – 12　　　　　　　　电子及通信设备制造业的多要素生产率

行业	1998 年	1999 年	2000 年	2001 年	2002 年	2003 年
通信设备制造	0.0049	0.0052	0.0055	0.0058	0.0061	0.0063
雷达及配套设备制造	0.0003	0.0005	0.0006	0.0008	0.0010	0.0013
广播电视设备制造	0.0006	0.0008	0.0010	0.0013	0.0015	0.0018
电子器件制造	0.0015	0.0018	0.0021	0.0024	0.0028	0.0031
电子元件制造	0.0013	0.0016	0.0019	0.0022	0.0025	0.0029
家用视听设备制造	0.0026	0.0030	0.0033	0.0037	0.0040	0.0043
其他电子设备制造	0.0018	0.0021	0.0024	0.0028	0.0031	0.0035

6.5.1.2　利润率再测算

高技术产业各行业的销售收入和利润数据如表 6 – 13、表 6 – 14 所示。高技术的电子及通信设备制造业的销售收入和利润数据如表 6.– 15、表 6 – 16 所示。

表 6 – 13　　　　　　　　高技术产业的销售收入　　　　　单位：亿元

行业	1998 年	1999 年	2000 年	2001 年	2002 年	2003 年
医药制造业	1264.10	1378.96	1627.48	1924.39	2279.98	2750.73
航空航天器制造业	323.01	323.67	377.83	443.60	499.90	547.20

续表

行业	1998 年	1999 年	2000 年	2001 年	2002 年	2003 年
电子及通信设备制造业	3506.62	4458.34	5871.15	6723.63	7658.67	9927.14
电子计算机及办公设备	1068.43	1199.20	1599.12	2295.72	3441.67	6305.97
医疗设备及仪器仪表制造	417.76	460.06	558.13	627.97	734.04	880.48

资料来源：国家统计局等：《中国高技术产业统计年鉴——2004》，中国统计出版社 2004 年版。该年鉴中不含核燃料加工、信息化学品制造两行业。

表 6 – 14　　　　　　　**高技术产业的利润**　　　　　　　单位：亿元

行业	1998 年	1999 年	2000 年	2001 年	2002 年	2003 年
医药制造业	77.44	101.46	136.58	168.05	201.42	259.58
航空航天器制造业	4.53	0.55	3.75	8.05	12.03	14.91
电子及通信设备制造业	179.56	261.92	425.80	386.54	358.25	460.70
电子计算机及办公设备	38.47	48.41	75.77	81.29	117.93	170.72
医疗设备及仪器仪表制造	10.90	19.72	31.56	44.32	51.43	65.50

资料来源：国家统计局等：《中国高技术产业统计年鉴——2004》，中国统计出版社 2004 年版。该年鉴中不含核燃料加工、信息化学品制造两行业。

表 6 – 15　　　　　**电子及通信设备制造业的销售收入**　　　　单位：亿元

行业	1998 年	1999 年	2000 年	2001 年	2002 年	2003 年
通信设备制造	1136.06	1505.12	2162.21	2946.04	2877.95	3511.14
雷达及配套设备制造	25.37	30.82	34.10	44.31	54.59	67.18
广播电视设备制造	19.27	20.45	33.13	34.93	40.82	67.05
电子器件制造	485.69	633.46	920.14	853.88	1131.81	1751.69
电子元件制造	637.46	811.36	993.82	1151.45	1481.03	1968.82
家用视听设备制造	1076.28	1290.12	1467.80	1443.74	1827.01	2274.18
其他电子设备制造	126.48	167.01	259.95	249.27	245.46	287.08

资料来源：国家统计局等：《中国高技术产业统计年鉴——2004》，中国统计出版社 2004 年版。

表 6 - 16　　　　　　电子及通信设备制造业的利润　　　　单位：亿元

行业	1998 年	1999 年	2000 年	2001 年	2002 年	2003 年
通信设备制造	102.85	123.34	211.12	270.42	179.33	194.38
雷达及配套设备制造	-0.77	-0.75	-0.13	3.32	3.23	4.09
广播电视设备制造	-0.59	-0.30	1.62	0.56	1.21	2.96
电子器件制造	2.14	39.23	82.73	19.92	32.79	74.99
电子元件制造	23.82	45.60	65.48	53.18	67.72	100.06
家用视听设备制造	45.11	41.86	40.82	19.21	50.31	60.25
其他电子设备制造	7.00	12.95	24.16	19.93	23.66	23.97

资料来源：国家统计局等：《中国高技术产业统计年鉴——2004》，中国统计出版社 2004 年版。

根据销售利润率 = 利润/销售收入分别计算高技术产业和电子及通信设备制造业的销售利润率，如表 6 - 17、表 6 - 18 所示。

表 6 - 17　　　　　　高技术产业的销售利润率

行业	1998 年	1999 年	2000 年	2001 年	2002 年	2003 年
医药制造业	6.13	7.36	8.39	8.73	8.83	9.44
航空航天器制造业	1.40	0.17	0.99	1.81	2.41	2.72
电子及通信设备制造业	5.12	5.87	7.25	5.75	4.68	4.64
电子计算机及办公设备	3.60	4.04	4.74	3.54	3.43	2.71
医疗设备及仪器仪表制造	2.61	4.29	5.65	7.06	7.01	7.44

表 6 - 18　　　　　　电子及通信设备制造业的销售利润率

行业	1998 年	1999 年	2000 年	2001 年	2002 年	2003 年
通信设备制造	9.05	8.19	9.76	9.18	6.23	5.54
雷达及配套设备制造	-3.04	-2.43	-0.38	7.49	5.92	6.09
广播电视设备制造	-3.06	-1.47	4.89	1.60	2.96	4.41
电子器件制造	0.44	6.19	8.99	2.33	2.90	4.28
电子元件制造	3.74	5.62	6.59	4.62	4.57	5.08
家用视听设备制造	4.19	3.24	2.78	1.33	2.75	2.65
其他电子设备制造	5.53	7.75	9.29	8.00	9.64	8.35

6.5.2 生产率为序参量假设下的回归方程

将式（6-15）和式6-16所描述的连续系统离散化，其对应的离散系统为：

$$MFP(k) = (1 - r_1)MFP(k - 1) - aMFP(k - 1)m(k - 1) \qquad (6-17)$$

$$m(k) = (1 - r_2)m(k - 1) + b[MFP(k - 1)]^2 \qquad (6-18)$$

6.5.2.1 高技术产业的回归方程

根据表6-9和表6-17可得以下回归方程：

$$MFP(k) = 1.023MFP(k - 1) + 0.011MFP(k - 1)m(k - 1)$$
$$(60.364) \qquad\qquad (3.138) \qquad\qquad (6-19)$$
$$R^2 = 0.999 \qquad\qquad F = 18508.690$$

$$m(k) = 1.078m(k - 1) - 8487094[MFP(k - 1)]^2$$
$$(27.293) \qquad (-1.295) \qquad\qquad (6-20)$$
$$R^2 = 0.977 \qquad\qquad F = 498.983$$

括号中的数字为 t 检验值，方程（6-19）的系数在 0.005 水平上都显著不为零。方程（6-20）的第二个系数不理想。两方程的 R^2 和 F 值都很大。式（6-17）和（6-18）中的参数分别为：

$$r_1 = 1 - 1.023 = -0.023$$

$$r_2 = 1 - 1.078 = -0.078$$

$$a = -0.011$$

$$b = -8487094$$

利润率的阻尼系数大于生产率的阻尼系数，因此生产率为序参量假设正确。由式（6-7）得：

$$V = 0.5r_1(MFP)^2 + \frac{ab}{4r_2}(MFP)^4 = -0.0115(MFP)^2 - 299224.468(MFP)^4$$

令：

$$\frac{dV}{d(MFP)} = -0.023(MFP) - 1196897.872(MFP)^3 = 0$$

得 MFP 的定态解为：MFP = 0

求二阶导数得：

$$\frac{d^2 V}{d(MFP)^2} = -0.023 - 3590693.615(MFP)^2 < 0$$

所以 V 有极大值，MFP = 0 是一个不稳定解。

势函数 V 的曲线如图 6 - 8 所示：

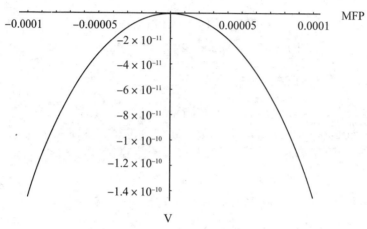

图 6 - 8　高技术产业的势函数曲线

6.5.2.2　电子及通信设备制造业的回归方程

同理，根据表 6 - 12 和表 6 - 18 可得以下回归方程：

$$MFP(k) = 1.139 MFP(k-1) - 0.008 MFP(k-1) m(k-1)$$

$$(54.069) \qquad (-2.573) \qquad (6-21)$$

$$R^2 = 0.998 \qquad F = 8279.652$$

$$m(k) = 0.871 m(k-1) + 23840.292 [MFP(k-1)]^2$$

$$(7.521) \qquad (0.462) \qquad (6-22)$$

$$R^2 = 0.799 \qquad F = 65.537$$

括号中的数字为 t 检验值，方程（6 - 21）的结果比较理想。方程（6 - 22）的第二个系数和 R^2 不理想。式（6 - 17）和（6 - 18）中的参数分别为：

$$r_1 = 1 - 1.139 = -0.139$$

$$r_2 = 1 - 0.871 = 0.129$$

$$a = 0.008$$

$$b = 23840.292$$

由式（6 - 7）得：

$$V = 0.5r_1(MFP)^2 + \frac{ab}{4r_2}(MFP)^4 = -0.0695(MFP)^2 + 369.6169(MFP)^4$$

令：

$$\frac{dV}{d(MFP)} = -0.139(MFP) + 1478.4676(MFP)^3 = 0$$

得 MFP 的定态解为：

$$\begin{cases} MFP = 0 \\ MFP = \pm 0.0097 \end{cases}$$

求二阶导数得：

$$\frac{d^2V}{d(MFP)^2} = -0.139 + 4435.4028(MFP)^2 \qquad (6 - 23)$$

将 MFP = 0 代入式（6 - 23）得：

$$\frac{d^2V}{d(MFP)^2} = -0.139 < 0$$

所以 V 有极大值，MFP = 0 是一个不稳定解。

将 MFP = ±0.0097 代入式（6 - 23）得：

$$\frac{d^2V}{d(MFP)^2} = 0.2783 > 0$$

所以 V 有极小值，MFP = ±0.0097 是一个稳定解。

势函数 V 的曲线如图 6 - 9 所示：

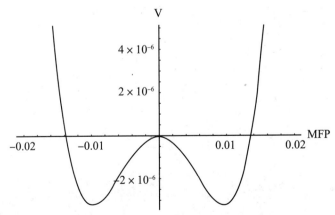

图 6 - 9　电子及通信设备制造业的势函数曲线

6.6 几点结论

1. 在高技术产业系统中，生产率是序参量，它决定着产业组织的性质。

2. 既然生产率是序参量，它必然对利润率起支配作用，它为零时，利润率将是阻尼的，即要求 $r_2 > 0$，因此，在利润率子系统中反馈机制应起支配作用。我国高技术产业为负，电子及通信设备制造业为正。

3. 稳定态是系统演化的吸引中心，外来的强迫力，或者自身的涨落都使生产率趋向稳定态点。

第 7 章

高技术产业组织政策

早在 1951 年，美国著名的政治学家莱斯韦尔（Harold Lsswell）在《政策科学：在范围和立法上的最近发展》一书中就提出了政策科学的概念，随后在《决策过程》（1956）一书中对政策科学思想进行了进一步论述，为此得到一批追随者的支持。20 世纪 60 年代，美国政府的各类机构开始广泛地采纳系统分析方法，使系统分析成为政策科学的一个组成部分。70 年代末，为数众多的政策科学专业学位、研究中心、专业杂志纷纷出现在美国和世界其他国家。实践表明，政策科学的发展，有助于政策制定工作的改进，从而减少代价太高的政策失败。

在我国，人们对相当一些具体政策褒贬不一，回顾这些政策的执行过程并客观地探讨它们的效力，人们开始认识到，政策有其特殊的规律，但这一规律到底是什么，学术界还没有一个明确答案[①]。

政策科学应用知识和创造能力以更好地制定政策，将五个范畴作为其方法论的重点，即政策战略、政策分析、政策制定系统改进、估价以及政策科学进展[②]。本书只进行政策分析。在对现实进行描述测度的基础上，明确"因为什么？为了什么目的？应优先考虑什么？"并证实"应该如何"的假设。

[①] 吴明瑜：《关于政策科学及其规范的问题》，［美］斯图亚特·S. 那格尔编著，林明等译：《政策研究百科全书》，科学技术文献出版社 1990 年版序言。

[②] ［美］R. M. 克朗著，陈东威译：《系统分析和政策科学》，商务印书馆 1985 年版。

7.1 理论背景

泰勒尔[①]认为："虽然支配研究开发的主要效应（可占用性与生意窃取，溢出与专利保护，效率效应与替代效应）相对容易理解，但经济学家们却很少关注与研究开发相关的公共政策的最佳规模和组合（专利时间长度和保护，研究开发资助，等等）。关于新技术的采用与扩散也存在类似的情况。"多纳德·海和德里克·莫瑞斯[②]认为，"在产业组织经济学的公共政策讨论中，结构—行为—绩效模型占统治地位。政策本身变得和市场行为的细节纠缠不清。"

陈琦等[③]人比较了我国十城市扶植高新技术产业化的财税、成果转化、资金信贷、人才激励四大类政策。王瑞祥[④]在探讨政策的事后评估时，提到了三种失灵：市场失灵、政府失灵、系统失灵。认为政府所颁布的诸项政策之间往往有重叠或冲突之处。需要用系统的观点看问题，而不能简单地就事论事。程海芳等[⑤]在社会核算矩阵的基础上，构造了一个用于高新技术产业政策分析的可计算的一般均衡（CGE）模型。但是，如何利用投入产出表和经济总体账户等宏观经济数据构建数值型社会核算矩阵并利用该矩阵对相应的 CGE 模型进行标定，如何根据模型的结构和特点设计相应的算法还需进一步研究。

新古典增长理论认为各国政府的经济政策对经济的长期增长没有影响[⑥]；但是里贝罗却认为"政府政策，尤其是税收政策的差异是造成各国经济差异性增长的一个重要原因"，而且"政策不仅在短期里影响增长，

---

① ［法］泰勒尔著，张维迎总译校：《产业组织理论》，中国人民大学出版社 1997 年版。

② ［英］多纳德·海、德里克·莫瑞斯著，钟鸿钧等译：《产业经济学与组织》，经济科学出版社 2001 年版。

③ 陈琦等：《我国十城市高新技术产业政策比较》，载《科学学与科学技术管理》，2000 年第 2 期。

④ 王瑞祥：《政策评估的理论、模型与方法》，载《预测》，2003 年第 3 期。

⑤ 程海芳等：《基于社会核算矩阵的高新技术产业政策分析的 CGE 模型研究》，载《武汉理工大学学报》（交通科学与工程版），2003 年第 3 期。

⑥ 朱勇、吴易风：《技术进步与经济的内生增长——新增长理论发展述评》，载《中国社会科学》，1999 年第 1 期。

而且在长时间内也对经济增长产生持久而深远的影响"。从另外一个角度来看，新古典增长理论认为"技术进步是经济增长的主要推动力，甚至从长期来说是唯一的推动力"，因此，"政策应该在教育、培训等方面发挥领导作用，鼓励技术创新和技术扩散，提供广泛的公共信息服务"。

新增长理论（有时又称内生增长理论）认为，市场是次优的，由于知识生产与使用上激励不足，并且清晰地界定产权很难或交易成本很高，政府应提供广泛的智力赞助。新增长理论还认为，"政策可以影响人们的消费——投资决策，积累刺激的改变可以支持较高的经济增长。创新的决策依据在于人们对现在和未来预期收益的权衡，因此提高资本利息率的政策对经济增长具有明显的逆向效应。另一方面，持续的创新保证了持续的经济发展。创新的动机来源于准租金的占有。这提出了保护知识产权的重要性。在现代经济形式——知识经济发展中，所有权得到法律保障不仅同样适用于知识产品，而且比以往任何时代变得更加迫切。在一个知识产权没有得到很好保护的社会中，企业丧失了创新的动力，而希望通过模仿、复制他人的技术成果获取好处。因此，技术进步变得迟缓，丧失了经济增长的机遇。这意味着增长强加于经济社会的前提是，必须确保获利的动机主要来自创新行为而非外部。"①

"在开放经济条件下，一国的政策不仅影响本国的经济增长，而且由于统一市场对世界经济增长产生作用。一个在研究与开发领域具有比较优势的国家对该部门进行补贴或通过贸易政策提高高技术产业的地位，那么世界将会因此受益。相反，一个在研究与开发活动中并不具备比较优势的国家对产业而不是对创新部门进行补贴，世界经济增长速度就会下降。"②

7.2　政府管制

"管制是由管制机构强制执行的置于市场中的一般规则或特殊行为，通过直接干预市场配置机制或间接改变消费者和厂商需求与供给数量而

①② 骆泽斌：《经济增长理论中政策含义的比较》，载《延边大学学报》（社会科学版），1999 年第 1 期。

起作用。"① 管制的类型有三种：（1）直接干预经济机制（包括价格管制、产权管制和合同规定的限制等）。（2）通过影响消费者决策来影响市场均衡。（3）通过影响厂商决策来影响市场均衡。结构—行为—绩效（SCP）范式下的不同理论都主张进行政府管制，但侧重点迥然有异。

"哈佛学派有关政府管制的主要观点体现在市场结构对市场绩效的影响上。他们主张，为了保持有效竞争，获得令人满意的市场结果，政府必须运用竞争政策对市场结构和市场行为进行经济性管制。"②

7.2.1 可竞争市场理论有关政府管制的主要观点

可竞争市场理论是以完全可竞争市场及沉没成本等概念的分析为中心，来推导可持续的产业组织的基本态势及其内生形成过程。该理论认为，良好的生产效率和技术效率等市场绩效，在传统哈佛学派理想的市场结构以外仍然可以实现，而无需众多竞争企业的存在。它可以是寡头市场，甚至是独家垄断市场，但只要保持市场进入的完全自由，只要不存在特别的进出市场成本，潜在竞争的压力就会迫使任何市场结构条件下的企业采取竞争行为。在这种环境条件下，包括自然垄断在内的高度集中的市场结构是可以和效率并存的。

20世纪70年代以后，对政府管制所导致的不公平以及管制制度本身的低效率的批评越来越多。同时，以计算机和电子技术为中心的技术革命的兴起而导致的经济管理业务中的系统技术的普遍运用，使得原来政府对航空、通讯、汽车运输等产业进行规制的依据不断淡化，美、英等发达市场经济国家出现了放松管制的政策倾向。可竞争市场理论，成为这种政策转换的重要理论支柱。

7.2.2 "后SCP流派"有关政府管制的主要观点

"后SCP流派"的核心思想就是通过建立合理、有效的制度，来降

---

①② 王冰、黄岱：《"市场结构—市场行为—市场绩效"范式框架下的政府管制理论及其对我国的借鉴作用》，载《山东社会科学》，2005年第3期。

低交易费用，激励经济主体从事生产性活动，从而保障分工和合作的顺利进行，实现良好的市场绩效，促使资源的优化配置和社会福利达到最优。"后 SCP 流派"通过对企业行为的研究来考察市场和政府干预的作用，用另一种理论视角论证了政府进行经济性管制的必要性[1]。

综上所述，政府管制是必要的，关键是如何管制。本书尝试一种新途径：基于系统模拟的政策分析。

7.3　协同学视角下的高技术产业系统

将前面研究的高技术产业系统重新表述如下：

$$\frac{dMFP(t)}{dt} = -r_1 MFP(t) - aMFP(t)m(t) \qquad (7-1)$$

$$\frac{dm(t)}{dt} = -r_2 m(t) + bMFP^2(t) \qquad (7-2)$$

当 r_2 大于 r_1，且 $r_2 > 0$，即当生产率为零时，方程（7-2）将是阻尼的，因此，生产率处于支配地位，利润率伺服于生产率的变化而变化，视生产率为序参量，当 r_1 接近临界值 0 时，生产率将发生临界减缓，因而利润率可被绝热消去，令：

$$\frac{dm}{dt} = 0$$

由方程（7-2）得：

$$m = \frac{b}{r_2}(MFP)^2$$

代入式（7-1）得：

$$\frac{dMFP}{dt} = -r_1 MFP - \frac{ab}{r_2}(MFP)^3 \qquad (7-3)$$

由 $\frac{dMFP}{dt} = -\frac{dV}{dMFP}$ 可得式（7-3）的势函数：

---

[1]　王冰、黄岱：《"市场结构—市场行为—市场绩效"范式框架下的政府管制理论及其对我国的借鉴作用》，载《山东社会科学》，2005 年第 3 期。

$$V = 0.5r_1(MFP)^2 + \frac{ab}{4r_2}(MFP)^4$$

显然，系统的特性是由这个势函数来决定的，系统的稳定状态是它的势能为极小值的状态。令：

$$\frac{dV}{dMFP} = r_1(MFP) + \frac{ab}{r_2}(MFP)^3 = 0$$

则当 r_1 与 $\frac{ab}{r_2}$ 同号时，$MFP = 0$

当 r_1 与 $\frac{ab}{r_2}$ 异号时，$\begin{cases} MFP = 0 \\ MFP = \pm\sqrt{\left(-\dfrac{r_1 r_2}{ab}\right)} \end{cases}$

因为：

$$\frac{d^2V}{d(MFP)^2} = r_1 + \frac{3ab}{r_2}(MFP)^2 \qquad (7-4)$$

将 $MFP = 0$ 代入式（7-4）得：

$$\frac{d^2V}{d(MFP)^2} = r_1$$

将 $MFP = \pm\sqrt{\left(-\dfrac{r_1 r_2}{ab}\right)}$，即 $\dfrac{ab}{r_2}(MFP)^2 = -r_1$ 代入式（7-4）得：

$$\frac{d^2V}{d(MFP)^2} = -2r_1$$

由此可见，根据 r_1 的正负便可确定势能有一个极大值或极小值。外界可以控制参数 r_1，当其达到临界值零且小于零时，原来的稳定态 $T = 0$ 将失稳，并同时转变为渐近稳定的有序态（$MFP \neq 0$）。

7.4　政策参数的灵敏度测试

对于式（7-1）和式（7-2）所描述的系统来说，外部环境的影响主要是通过 r_1、r_2、a、b 四个参数来进行的。系统科学认为，较灵敏的参数往往代表实际系统中政策的杠杆作用点，由此入手，最有希望改善或解决系统存在的问题，确切地说，这里的"政策"指的是产业组织政策。

由于系统动力学模型有系统的模拟"实验室"之称，因此可将式（7-1）和式（7-2）所描述系统再转化为系统的动力学模型，对 r_1、r_2、a、b 四个参数进行灵敏度测试。

由于 r_1、r_2、a、b 四个参数可取值很多，因此试验次数很多，而且比较盲目，为此本书将正交试验法用于参数灵敏度测试。

自组织理论关心的是系统质的变化，即从一个状态到另一个状态的变化。因此，在正交试验时，每个参数都选择了可能导致系统发生质变的三个水平。如表 7-1 所示。

表 7-1 参数和水平

水平 ＼ 参数	r_1	r_2	a	b
1	-0.023	-0.078	-0.011	-8487094
2	0	0	0	0
3	0.023	0.078	0.011	8487094

根据正交表 $L_9(3^4)$ 安排试验，初值为：

$$(MFP)_0 = 0.00001$$

$$m_0 = 0.01$$

模拟生产率和利润率 10 年内的演化情况，试验结果如表 7-2 所示。

表 7-2 正交试验结果

试验号	r_1	r_2	a	b	MFP 年均增长率（%）
1	-0.023	-0.078	-0.011	-8487094	2.31
2	-0.023	0	0	0	2.30
3	-0.023	0.078	0.011	8487094	2.29
4	0	-0.078	0	8487094	0
5	0	0	0.011	-8487094	-0.0068
6	0	0.078	-0.011	0	0.0078

试验号	r_1	r_2	a	b	MFP 年均增长率（%）
7	0.023	−0.078	0.011	0	−2.32
8	0.023	0	−0.011	8487094	−2.29
9	0.023	0.078	0	−8487094	−2.30
K_1	6.90	−0.01	0.0278	0.0032	
K_2	0.001	0.0032	0	−0.0122	
K_3	−6.91	−0.0022	−0.0368	0	
AK_1	2.30	−0.0033	0.0093	0.0011	
AK_2	0.0003	0.0011	0	−0.0041	
AK_3	−2.30	−0.0007	−0.0123	0	
R	4.60	0.0044	0.0216	0.0052	

注：K_i 为各参数水平出现的三次试验的结果之和；$AK_i = K_i/3$；R 为极差，即各列 K_1、K_2、K_3 三者中最大值与最小值之差。

根据极差，可以确定各参数的灵敏度大小顺序。极差大，说明该参数是灵敏的。它的变化对结果影响很大。极差小，说明该参数不灵敏，它的变化对结果影响较小。因此，各参数灵敏度由大到小的排列顺序是 r_1、a、b、r_2。

用各参数的水平作横坐标，用相应参数的水平导致结果之和为纵坐标，可画出如图 7 – 1、图 7 – 2 所示趋势图。

从图 7 – 1、图 7 – 2 中可以看出：

1. 当 r_1 为负值时，生产率随着 r_1 的绝对值的增加而增加。此时，系统中已建立起生产率的激励机制，即有了正反馈结构。

2. r_2 在 −0.0189 和 0.0462 之间，生产率是增长的，在自组织系统中，要求系统（7 – 2）是阻尼的，即 $r_2 > 0$，因此，r_2 应在 0 ~ 0.0462 之间取值。

3. 当 a 为负值时，其绝对值越大，生产率的增加也越大。这意味着，生产率和利润率之间相互作用越大，生产率的增加也越大。

4. 当 b > 8487094 或 b < −672.35 时，可以使生产率增加，当 b < 0 时，可大大降低利润率，当 b < −672.35 时，对垄断程度高的产业即可提高生产率，又可激发竞争活力。

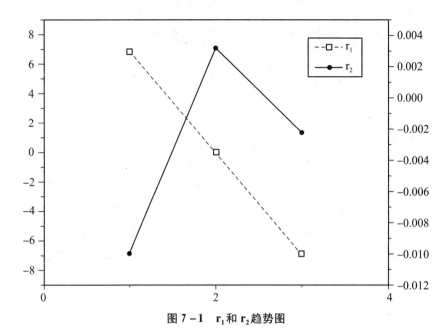

图 7-1 r_1 和 r_2 趋势图

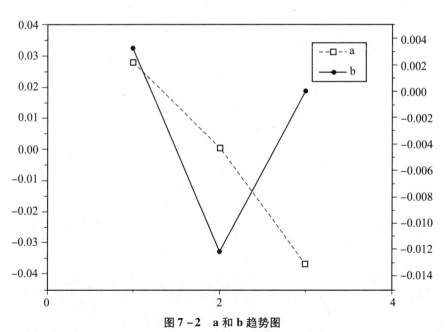

图 7-2 a 和 b 趋势图

7.5 几种政策方案比较

方案 I：保持各参数值不变。根据前面的估计，目前我国高技术产业系统各参数分别为：

$$r_1 = -0.023$$
$$r_2 = -0.078$$
$$a = -0.011$$
$$b = -8487094$$

模拟结果如表 7 - 3、图 7 - 3 所示。结果表明，10 年后，生产率增加至 1.25654e - 005，平均每年递增 2.31%，增长是缓慢的。另外，本来就不高的利润率下降至 0.65%，平均每年下降 4.18%。

表 7 - 3   模拟结果（1）

时间	生产率	利润率
0	1e - 005	0.01
1	1.02311e - 005	0.00993129
2	1.04675e - 005	0.00981754
3	1.07094e - 005	0.00965339
4	1.09569e - 005	0.00943295
5	1.121e - 005	0.00914982
6	1.1469e - 005	0.00879698
7	1.17339e - 005	0.00836678
8	1.20048e - 005	0.00785085
9	1.2282e - 005	0.00724009
10	1.25654e - 005	0.00652457

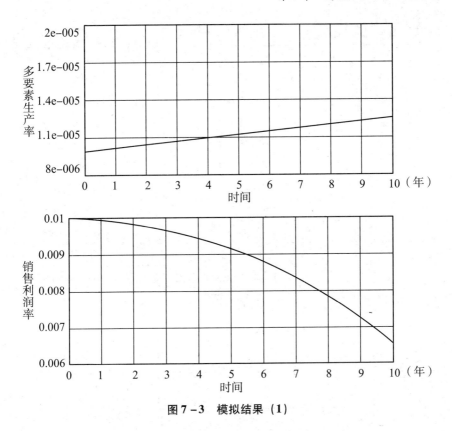

图7-3　模拟结果（1）

方案 Ⅱ：将所有参数都变为与电子及通信设备制造业相同水平：

$$r_1 = 1 - 1.139 = -0.139$$

$$r_2 = 1 - 0.871 = 0.129$$

$$a = 0.008$$

$$b = 23840.292$$

模拟结果如表7-4、图7-4所示。结果表明，10年后，生产率增加至3.67333e-005，平均每年递增13.90%，比方案Ⅰ快得多，但利润率也比方案Ⅰ下降得快，平均每年下降12.65%。

表 7 - 4 模拟结果 （2）

时间	生产率	利润率
0	1e - 005	0.01
1	1.13892e - 005	0.00871238
2	1.29715e - 005	0.00759158
3	1.47738e - 005	0.00661628
4	1.68265e - 005	0.00576798
5	1.91646e - 005	0.00503066
6	2.18278e - 005	0.00439046
7	2.4861e - 005	0.00383545
8	2.8316e - 005	0.00335541
9	3.22511e - 005	0.00294168
10	3.67333e - 005	0.002587

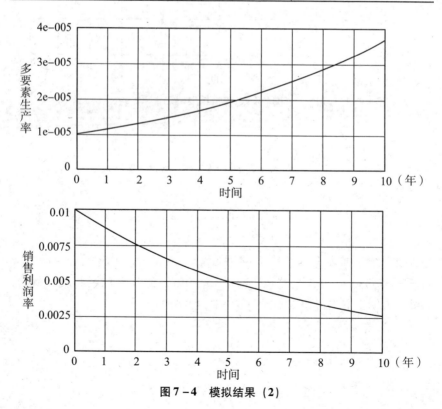

图 7 - 4 模拟结果 （2）

　　方案Ⅲ：将 r_1 变为电子及通信设备制造业的水平 -0.139；将 r_2 变为 0.462，以确保 r_2 大于 r_1，a 保持 -0.011 不变，b 变为 8487094。模拟结果如表 7 – 5、图 7 – 5 所示。结果表明，10 年后，生产率增加至 3.67718e – 005，平均每年递增 13.91%，增长很快。利润率先下降，第四年开始上升，第九年超过初始值。本来参数 b 是灵敏度最低的，由于参数 r_2 由负变为正，参数 b 也由负变为正，才能确保利润率增加。

表 7 – 5 模拟结果（3）

时间	生产率	利润率
0	1e – 005	0.01
1	1.13911e – 005	0.00622871
2	1.29752e – 005	0.00445231
3	1.47794e – 005	0.0038242
4	1.68344e – 005	0.00391127
5	1.91751e – 005	0.00450948
6	2.18414e – 005	0.00554667
7	2.48787e – 005	0.00703285
8	2.83387e – 005	0.00903675
9	3.22807e – 005	0.0116776
10	3.67718e – 005	0.0151265

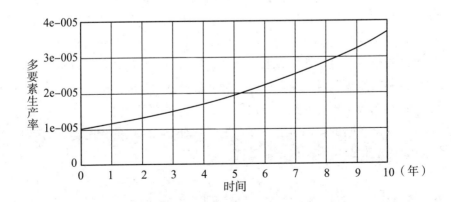

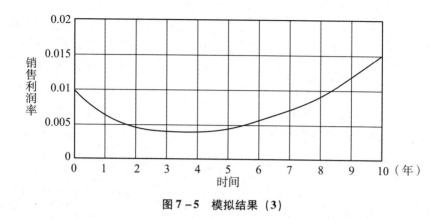

图 7-5 模拟结果（3）

应当说明一点，上述分析中给出的模拟结果不应当作是对未来的预测，只应视为系统的可能的行为模式。

所以，方案 I 是维持系统现状，这一状态并不理想，生产率增长缓慢，利润率下降却快得多。方案 II 尽管可以大幅度提高生产率，但不利于发挥规模经济的作用。本书建议采用方案 III。

7.6 政策建议

按照产业组织理论，产业组织政策分为促进竞争并抑制垄断的政策和抑制竞争的政策两类[1]。前者以美国为典型，其目的是维护竞争活力；后者以日本为典型，其目的是利用规模经济。对于一个处于转型时期的国家来说，产业组织政策首先需要解决的不是形成什么样的市场结构，而是建立和完善产业的自组织机制。西方国家的产业组织政策之所以能取得成效，是以能使政府的诱导起作用的产业的自组织机制为基础的。这种自组织机制使企业能够通过追求自己利益的活动不断地使市场组织结构向效率更高的经济结构转化，为此建议采用完善生产率的激励机制、建立垄断的控制机制、加强生产率对市场结构的支配作用的产业组织政策，以改造我国的产业系统。

---

① 杨治：《产业经济学导论》，中国人民大学出版社 1985 年版。

7.6.1　完善生产率的激励机制

使 r_1 保持负数，并且使 r_1 的绝对值不断增加，要求完善生产率的激励机制。a 为负数表明，利润率对生产率发挥了激励作用。

威尔和艾里尔·杜兰特在完成了十卷本的不朽著作《文明史》以后断定："历史的经验无可置疑地说明，每一个经济制度迟早都要依靠某种形式的利润动机来激励个人和集团提高生产率。"[1] 中国社会科学院经济研究所杜海燕等人[2]的实证研究表明，在改革中激励结构的货币化增强了激励制度的作用，所以在货币激励强的企业中，无论自主权大小都表现出较高的效率。实际上，生产率不仅仅是要素投入，新技术与知识的最佳利用，它还是一种精神状态，求进取的意志和通过勤奋的工作体现出来的决心和信念。实践表明，必须建立起能培植人们进取精神的机制。这种机制能够把生产率增长带来的利益在所有人员中进行公平合理的分配，将生产率的增长落实在每个社会成员追求自我利益的基础上。

作为自组织系统的企业，也有其自身的运动规律，其发展的动力也在于其自身。它应具有独立的财产，从而具有强烈的企业独立利益。对自身利益的不断追求可以产生不断提高生产率的要求，而生产率的提高又会带来更多的企业利益，从而形成良性循环。

7.6.2　建立垄断的控制机制

参数 r_2 由负变为正，要求以利润率表示的垄断程度得到控制。适当的垄断可以发挥规模经济的作用，但这种垄断不应被激励，而且产业系统对垄断的控制程度应该远远大于对生产率的激励程度。

---

[1]　［美］唐纳德·C. 伯纳姆著，陈明锟译：《提高生产率——在卡内基. 梅隆大学的演讲词》，中国社会科学出版社1978年版。

[2]　杜海燕等：《国有企业的自主权、市场结构和激励制度——403家国有企业调查分析总报告》，载《经济研究》，1990年第1期。

7.6.3 加强生产率对市场结构的决定作用

参数 b 也由负变为正，要求加强生产率对市场结构的决定作用。一般观念认为市场结构决定生产率，竞争或垄断决定生产率，实际上，在产业系统中，序参量是生产率，而不是竞争或垄断。生产率决定市场结构。生产率的主体是产品生产者。在市场竞争中，产品生产者为了获得更大的利益，不断地探索建立一种更能节约交易费用、生产费用和组织费用的新的组织结构，这种组织结构是为生产率服务的，而不是相反。

在传统经济体制下，市场形态是在高度计划和集中基础上建立起来的垄断性结构，行政因素发挥重要作用，因而这种垄断是非经济性的，不能保证国有企业的效率和效益。在更多的情况下，由于所有权与经营权高度集中于国家一级或地方一级的行政部门，企业在经营和管理上被束缚住手脚，使企业因为没有经营上的责任约束而影响生产率的提高。

改革开放以后，在原来国家垄断结构的市场形态上引入了有限竞争的因素，从而使原来不像市场的某种结构更加接近真正意义上的市场。但是地区以及部门间新出现的垄断造成整个经济缺乏效率和失去规模经济，也没有真正发挥竞争的刺激和淘汰作用。另外，行政性公司使传统结构中的政治经济一体化的国家垄断变形为一种新的集团垄断。总之，这种作为权力集中作用结果的非常态垄断是经济发展过程中扼杀经济效率的绊脚石。为了提高整个经济运行的效率，逐步形成一个竞争性的环境是重要的。但是在逐步放弃了中央控制而市场协调手段又未能有效地建立起来并发挥作用的时候，没有节制的竞争会造成资源的浪费和普遍的外部不经济。因此本书建议在破除非经济垄断的前提下，抑制非效率性竞争，促进规模经济。产业组织的成长，就是发展过程中由规模经济所推动的单功能小企业向多功能的大企业、大公司转变。

第 8 章

结论与展望

8.1 主要结论

促进产业组织合理化总的政策思路是，以提高生产率为目标，建立有效竞争的市场结构。为此需要采用完善生产率的激励机制、建立垄断的控制机制、加强生产率对市场结构的决定作用的产业组织政策，以改造我国的产业系统。产业系统的市场结构应该是有效竞争。所谓有效竞争是指使社会总效益最大的竞争，通常意味着竞争与规模经济相协调。

产业组织政策要造成一个适宜的环境，使产业组织在生产率增长推动力、市场引导力和利益冲动力的驱使下，不断变动组织形式，以求得自身功能和结构的优化，这一过程就是产业组织的组织创新，而组织创新的实质就是优化生产要素的组织形式，提高生产率。

8.2 本书主要创新点

1. 一切理论探索归根到底都是方法的探索。本书采用独特的研究方法，即综合运用产业经济学、系统科学、计量经济学、系统动力学等方法研究高技术产业发展问题。这一研究方法符合系统科学的精髓，也符合从分析走向综合的当代科学发展趋势。

采用随机前沿分析法估计我国高技术产业多要素生产率。将正交试验法应用于系统动力学，在应用系统动力学模型进行模拟实验时，减少盲目性。

2. 通过将垄断（竞争）和高技术产业发展置于一个系统中进行系统分析，得出与一般观念不同的结论：不是垄断（竞争）决定高技术产业的发展，而是高技术产业发展的衡量指标生产率决定垄断（竞争），垄断（竞争）对生产率具有反作用。

3. 将组织看成系统，将产业组织过程看成产业系统的演化过程。借鉴系统动力学的建模方法，建立了产业系统自组织模型。通过系统模拟，进行了政策参数的灵敏度测试和不同方案的比较，提出了相应的产业组织政策。

4. 不论是经济学，还是管理学都是研究决策问题，决策就是从多种方案中选择最优方案。本书将这一思想应用到研究之中，并贯彻始终。如高技术产业、生产率、集中率等重要概念的界定，刻画垄断（竞争）程度、高技术产业发展水平的指标选择，具体研究方法的确定等，都是在所有可能方案中选择最优方案，并进行了论证。

5. 不对我国高新技术产业发展作简单推论，力求所给出的判断建立在现有统计资料的分析验证基础上。甚至对探讨高技术产业发展的文献都进行了统计分析。

8.3 有待进一步研究的问题

博弈论的引入使产业组织理论大大超前于经验研究。如何应用博弈论探讨高技术产业发展问题是一个有待进一步研究的问题。

20 世纪 90 年代后，新实证产业组织研究得以兴盛。在对高技术产业发展问题进行研究的过程中，应进一步提高实证研究的技术和手段，不断完善实验方法，以便利用计算机在实验室内观察现实市场中无法观察到的变量，验证或否定高技术产业发展理论。

参 考 文 献

[1] [德] H. 哈肯著，张纪岳、郭治安译：《协同等导论》，西北大学科研处，1981 年。

[2] [德] H. 哈肯著，戴鸣钟译：《协同学——自然成功的奥秘》，上海科学普及出版社 1988 年版。

[3] [德] H. 哈肯著，郭治安等译：《信息与自组织——复杂系统中的宏观方法》，四川教育出版社 1988 年版。

[4] [法] 吉恩·泰勒尔著，张维迎总译校：《产业组织理论》，中国人民大学出版社 1997 年版。

[5] [美] 唐纳德·C. 伯纳姆著，陈明锟译：《提高生产率——在卡内基·梅隆大学的演讲词》，中国社会科学出版社 1978 年版。

[6] [美] D. W. 乔根森著，李京文等译：《生产率与美国经济增长》，经济科学出版社 1989 年版。

[7] [美] R. M. 克朗著，陈东威译：《系统分析和政策科学》，商务印书馆 1985 年版。

[8] [美] 菲利普·阿吉翁、彼得·霍依特著，陶然等译：《内生增长理论》，北京大学出版社 2004 年版。

[9] [美] 冯·贝塔朗菲著，林康义、魏宏森等译：《一般系统论基础、发展和应用》，清华大学出版社 1987 年版。

[10] [美] 劳埃德·雷诺兹著，马宾译：《微观经济学分析和政策》，商务印书馆 1982 年版。

[11] [美] 斯蒂芬·马丁著，史东辉等译：《高级产业经济学》，上海财经大学出版社 2003 年版。

[12] [英] 多纳德·海、德理克·莫瑞森著，张维迎等译：《产业经济学与组织》，经济科学出版社 2001 年版。

［13］［英］卡布尔著，于立等译：《产业经济学前沿问题》，中国税务出版社 2000 年版。

［14］［英］劳杰·克拉克著，原毅军译：《工业经济学》，经济管理出版社 1990 年版。

［15］［英］约翰·伊特韦尔、［美］默里·米尔盖特著、［美］彼得·纽曼著，陈岱孙主编：《新帕尔格雷夫经济学大辞典》，经济科学出版社 1996 年版。

［16］《我国高技术产业分类与发展状况研究》课题组：《对高技术产业相关概念的基本认识》，载于《中国统计》2003 年第 3 期。

［17］OECD 著，黄渝祥编译：《中国贸易与投资自由化下的效益实现——OECD 与中国的对话与合作》，同济大学 MPA 教学管理中心 2002 年版。

［18］R. 库牧斯等著，中国社会科学院数量经济技术经济研究所技术经济理论方法研究室译：《经济学与技术进步》，商务印书馆 1989 年版。

［19］W. 布莱恩·阿瑟：《经济中的正反馈》，载《经济社会体制比较》，1998 年第 6 期。

［20］白文扬、李雨：《我国工业产业集中度实证研究》，载《中国工业经济研究》，1994 年第 11 期。

［21］北京华通人市场信息公司：《2005 中国市场年鉴》，中国外文出版社 2004 年版。

［22］蔡宁、杨闩柱、吴结兵：《企业集群风险的研究：一个基于网络的视角》，载《中国工业经济》，2003 年第 4 期。

［23］蔡翔：《高技术产业化的动力分析》，载《科学学研究》，1996 年第 2 期。

［24］陈克文：《系统的自组织机制与高技术产业区的发展》，载《系统辩证学学报》，1996 年第 2 期。

［25］陈平：《文明分岔、经济混沌和演化经济动力学》，北京大学出版社 2004 年版。

［26］陈琦等：《我国十城市高新技术产业政策比较》，载《科学学与科学技术管理》，2000 年第 2 期。

［27］程工：《技术创新——美国新经济的核心》，载《北方经济》，2001 年第 7 期。

［28］程海芳等：《基于社会核算矩阵的高新技术产业政策分析的 CGE 模型研究》，载《武汉理工大学学报》（交通科学与工程版），2003 年第 3 期。

［29］单伟建：《交易费用经济学的理论，应用及偏颇》，汤敏、茅于轼：《现代经济学前沿专题》，商务印书馆 1989 年版。

［30］邓俊荣、常新：《中国市场结构和产业组织政策分析》，载《西安电子科技大学学报》（社会科学版），1999 年第 3 期。

［31］杜海燕等：《国有企业的自主权、市场结构和激励制度——403 家国有企业调查分析总报告》，载《经济研究》，1990 年第 1 期。

［32］冯丽、李海舰：《从竞争范式到垄断范式》，载《中国工业经济》，2003 年第 9 期。

［33］冯燕奇、唐洁、聂巧平：《我国高技术产业化的主成分评价方法》，载《科学学与科学技术管理》，2001 年第 11 期。

［34］高长元：《基于 Internet 高新技术产品评价群决策支持系统研究》，哈尔滨工程大学博士学位论文，2002 年。

［35］高鸿业、吴易风：《研究生用西方经济学（微观部分）》，经济科学出版社 2000 年版。

［36］高新让、付仲民：《知识经济时代与高技术产业》，载《高科技与产业化》，1998 年第 4 期。

［37］葛宝山、姚梅芳：《高技术产业化风险评价的 AHP 法》，载《系统工程理论与实践》，1999 年第 9 期。

［38］谷克鉴：《开放中技术扩散对地区间生产率变动的影响——对中国的一个非技术性解释及其政策含义》，载《哈尔滨商业大学学报》（社会科学版），2002 年第 1 期。

［39］郭克莎等：《20 世纪以来产业经济学在中国的发展》，载《上海行政学院学报》，2001 年第 1 期。

［40］哈肯：《信息与自组织——复杂系统中的宏观方法》，四川教育出版社 1988 年版。

［41］韩静轩、马力：《高新技术项目投资风险的分析与测度》，载

《哈尔滨工业大学学报》，2001 年第 3 期。

[42] 韩兆林、张小燕、陈小平：《基于自然科学角度的高科技内涵浅析》，载《科学学与科学技术管理》，1999 年第 9 期。

[43] 何继善：《发展高技术及高技术产业提高湖南经济增长的质量和效益》；周光召、朱光亚：《共同走向科学：百名院士科技系列报告集》，新华出版社 1997 年版。

[44] 侯合银、王浣尘：《高新技术产业发展的技术经济过程的系统研究》，载《上海经济研究》，2003 年第 3 期。

[45] 胡家勇：《论基础设施领域改革》，载《管理世界》，2003 年第 4 期。

[46] 胡荣华、李罗庚：《高新技术产业结构和效益分析》，载《科技与经济》，2003 年第 2 期。

[47] 华宏鸣：《从技术概念的要素分析谈高新技术》，载《研究与发展管理》，1995 年第 1 期。

[48] 华宏鸣：《技术的四要素》，载《中国软科学》，1994 年第 6 期。

[49] 黄燕：《市场结构与技术创新研究述评》，载《财经理论与实践》，2001 年第 113 期。

[50] 黄燕琳：《高新技术产业开发区综合评价研究》，载《经济师》，2004 年第 12 期。

[51] 黄益平、宋立刚：《应用数量经济学》，上海人民出版社 2001 年版。

[52] 纪成君、刘宏超：《中国煤炭产业市场结构分析与产业组织政策》，载《中国软科学》，2002 年第 1 期。

[53] 季建伟、邱菀华：《基于企业"套牢"效应的企业边界分析》，载《经济科学》，2003 年第 1 期。

[54] 江兵、夏晖、刘洪：《高技术产品国际市场竞争力中外比较和分析》，载《中国软科学》，2000 年第 2 期。

[55] 金碚：《企业竞争力测评的理论与方法》，载《中国工业经济》，2003 年第 3 期。

[56] 金碚等：《竞争力经济学》，广东经济出版社 2003 年版。

[57] 肯尼斯·W. 克拉克森、罗杰·勒鲁瓦·米勒著，杨龙、罗

靖译：《产业组织：理论、证据和公共政策》，上海三联书店1989年版。

[58] 李春好、王永录、孙文斌：《产业组织理论与高新技术选择》，载《技术经济》，1997年第3期。

[59] 李建建、赖辉荣：《我国企业技术创新：市场结构缺陷与消除》，载《福建师范大学学报》（哲学社会科学版），2003年第4期。

[60] 李久鑫、郑绍濂：《高技术企业的组织与自组织管理》，载《中国软科学》，2000年第5期。

[61] 李煜华、郎宏文：《高新技术项目投资风险的模糊综合评价模型》，载《哈尔滨理工大学学报》，2004年第1期。

[62] 廖国民、王永钦：《论比较优势与自生能力的关系》，载《经济研究》，2003年第9期。

[63] 刘爱君：《中国高新技术产业发展中的公共政策研究》，中国社会科学院研究生院硕士学位论文，2001年。

[64] 刘爱民等：《机械化农业生产系统的自组织现象与序参量》，载《北京农业工程大学学报》，1995年第1期。

[65] 刘波：《建立经济系统自组织理论模型的一种方法》，载《系统工程理论与实践》，1997年第5期。

[66] 刘波：《产业组织与工业生产率》，中国经济出版社2000年版。

[67] 刘戒骄：《企业兼容竞争的博弈分析》，载《中国工业经济》，2003年第2期。

[68] 刘荣增：《我国高新技术产业开发区发展态势评价》，载《科技进步与对策》，2002年第11期。

[69] 刘小玄：《国有企业民营化的均衡模型》，载《经济研究》，2003年第9期。

[70] 刘小玄：《中国转轨过程中的企业行为和市场均衡》，载《中国社会科学》，2003年第2期。

[71] 刘小玄：《中国转轨经济中的产权结构和市场结构——产业绩效水平的决定因素》，载《经济研究》，2003年第1期。

[72] 刘志彪、姜付秀、卢仁坡：《资本结构与产品市场竞争强度》，载《经济研究》，2003年第7期。

[73] 刘志彪：《现代产业经济学》，高等教育出版社2003年版。

[74] 吕铁：《论技术密集型产业的发展优势》，载《中国工业经济》，2003 年第 10 期。

[75] 吕政：《论中国工业的比较优势》，载《中国工业经济》，2003 年第 4 期。

[76] 罗晖：《从文献计量分析看我国高新技术产业发展理论研究的现状》，载《情报学报》，2004 年第 2 期。

[77] 罗云辉、林洁：《我国汽车工业市场结构与绩效关系研究》，载《上海汽车》，2001 年第 8 期。

[78] 罗云辉、夏大慰：《自然垄断产业进一步放松规制的理论依据》，载《中国工业经济》，2003 年第 8 期。

[79] 罗志如等：《当代西方经济学说》，北京大学出版社 1989 年版。

[80] 骆泽斌：《经济增长理论中政策含义的比较》，载《延边大学学报》（社会科学版），1999 年第 1 期。

[81] 马建堂：《中国行业集中度与行业绩效》，载《管理世界》，1993 年第 1 期。

[82] 马宁等：《我国高新技术企业规模与创新分布》，载《管理科学学报》，2001 年第 1 期。

[83] 迈克尔·J. 拉齐斯基：《制度动力学、决定论的混沌及自组织系统》；[美] 理查德·H. 戴等著，傅琳等译：《混沌经济学》，上海译文出版社 1996 年版。

[84] 毛军：《我国资本存量估算方法比较与重估》，载《河南社会科学》，2005 年第 2 期。

[85] 穆荣平：《高技术产业国际竞争力评价方法初步研究》，载《科研管理》，2000 年第 1 期。

[86] 彭文贤：《系统研究法的组织理论之分析》，联经出版事业公司 1979 年版。

[87] 戚聿东：《中国产业集中度与经济绩效关系的实证分析》，载《管理世界》，1998 年第 4 期。

[88] 戚聿东：《中国自然垄断产业改革的现状分析》，载《经济学动态》，2003 年第 3 期。

[89] 綦良群：《高新技术产业及其产业化系统的特征分析》，载

《工业技术经济》，2005 年第 2 期。

[90] 秦宛顺、顾佳峰：《企业集群内部调整对于企业死亡的影响》，载《数量经济技术经济研究》，2003 年第 8 期。

[91] 沈小峰等：《耗散结构论》，上海人民出版社 1987 年版。

[92] 孙巍：《生产前沿面移动的非参数研究》，载《数量经济研究》，2003 年第 1 期。

[93] 谭刚：《论产业组织理论的技术进步与技术创新思想——读〈产业组织：理论、证据和公共政策〉》，载《南开经济研究》，1997 年第 4 期。

[94] 唐要家、唐春晖：《转型中的国有所有权集中与工业产业绩效》，载《经济评论》，2004 年第 5 期。

[95] 唐中赋、顾培亮：《高新技术产业发展水平的综合评价》，载《西安电子科技大学学报》（社会科学版），2004 年第 3 期。

[96] 陶爱萍等：《高新技术产业的外部经济性与激励性规制》，载《中国科技论坛》，2003 年第 3 期。

[97] 陶然：《美日发展高新技术产业的政策比较》，载《当代财政》，2003 年第 7 期。

[98] 汪亚非：《21 世纪高新技术创新发展特征研究》，载《物流技术》，2001 年第 5 期。

[99] 汪莹、刘志迎：《试析高技术产业间的关联性》，载《高科技与产业化》，2002 年第 1 期。

[100] 王冰、黄岱：《"市场结构—市场行为—市场绩效"范式框架下的政府管制理论及其对我国的借鉴作用》，载《山东社会科学》，2005 年第 3 期。

[101] 王玲：《中国工业行业资本存量的测度》，载《世界经济统计研究》，2004 年第 1 期。

[102] 王其藩：《系统动力学》，清华大学出版社 1988 年版。

[103] 王瑞祥：《政策评估的理论、模型与方法》，载《预测》，2003 年第 3 期。

[104] 王树海：《"OECD"国家高新技术指标体系研究与启示》，载《中国科技产业》，2002 年第 2 期。

[105] 王威、高长元、郭琛:《人工神经元网络在高技术产业国际竞争力　评价中的应用》,载《哈尔滨理工大学学报》,2003 年第 5 期。

[106] 王威、高长元、黄英帼:《高新技术产品认定与评价方法的比较研究》,载《北方经贸》,2002 年第 1 期。

[107] 王旭、臧晶、李帅帅:《高技术企业绩效评价指标体系》,载《吉林大学学报》(工学版),2003 年第 4 期。

[108] 王玉林、袁继贤:《高新技术扩散的对数增长曲线模型及实证研究》,载《科研管理》,1996 年第 4 期。

[109] 王征、李珉:《对我国高新技术风险投资体制的几点认识》,载《国外建材科技》,2002 年第 2 期。

[110] 魏后凯:《企业规模、产业集中与技术创新能力》,载《经济管理》,2002 年第 4 期。

[111] 魏后凯:《市场竞争、经济绩效与产业集中》,经济管理出版社 2003 年版。

[112] 魏后凯:《中国制造业集中与利润率的关系》,载《财经问题研究》,2003 年第 6 期。

[113] 邬义钧、邱钧:《产业经济学》,中国统计出版社 2001 年版。

[114] 吴翰、马庆国、姚志坚:《高技术渗透演化过程的随机分析》,载《科研管理》,1999 年第 5 期。

[115] 吴林海:《高技术产业界定的方法和分析》,载《科技进步与对策》,1999 年第 6 期。

[116] 吴明瑜:《关于政策科学及其规范的问题》,[美] 斯图亚特·S. 那格尔编著,林明等译:《政策研究百科全书》,科学技术文献出版社 1990 年版序言。

[117] 吴中志:《高新技术产业化的综合评价方法》,载《中南财经大学学报》,2001 年第 3 期。

[118] 熊彼特:《资本主义,社会主义和民主主义》,商务印书馆 1979 年版。

[119] 徐绪松、但朝阳:《高技术项目投资风险模糊综合评价模型》,载《数量经济技术经济研究》,2000 年第 1 期。

[120] 徐永昌、张晶、李兴权、董丽娅:《我国高技术产业界定方

法的研究（一）》，载《科技指标研究》，2002 年第 2 期。

[121] 许继琴：《关于高技术和高技术产业的理论思考》，载《科技进步与对策》，2003 年第 4 期。

[122] 杨瑞龙、冯健：《企业间网络的效率边界：经济组织逻辑的重新审视》，载《中国工业经济》，2003 年第 5 期。

[123] 杨廷双：《基于 BP 神经网络的高新技术企业综合评价方法及应用研究》，载《中国软科学》，2003 年第 5 期。

[124] 杨晓玲、何自力：《当代产业组织关系的新变化与技术进步》，载《科学学与科学技术管理》，2002 年第 7 期。

[125] 杨晓玲：《当代资本主义产业组织结构的变化》，载《天津师范大学学报》（社会科学版），2002 年第 5 期。

[126] 杨治：《产业经济学导论》，中国人民大学出版社 1985 年版。

[127] 姚志坚、吴翰、邵一华：《高技术渗透的机理研究》，载《科研管理》，1999 年第 4 期。

[128] 殷醒民：《中国工业与技术发展》，上海人民出版社 2003 年版。

[129] 于良春、张伟：《强自然垄断定价理论与中国电价规制制度分析》，载《经济研究》，2003 年第 9 期。

[130] 余晖：《监管权的纵向配置——来自电力、金融、工商和药品监管的案例研究》，载《中国工业经济》，2003 年第 8 期。

[131] 余永跃：《高新技术产业发展模式的历史考察》，载《江汉论坛》，2001 年第 6 期。

[132] 岳瑨：《高技术产业成长的自组织理论透视》，载《中国地质大学学报》（社会科学版），2004 年第 4 期。

[133] 湛垦华、沈小峰：《普利高津耗散结构理论》，陕西科学技术出版社 1982 年版。

[134] 张昌彩：《解读国家发展改革委高技术产业司"三定方案"》，载《中国创业投资与高科技》，2003 年第 7 期。

[135] 张德霖：《两大理论体系中的生产力与生产率理论的比较研究》，载《经济研究》，1990 年第 1 期。

[136] 张德贤、陈中慧、戴桂林：《高技术产业化协同过程探讨》，载《中国管理科学》，1997 年第 4 期。

[137] 张金水:《确定性动态系统经济控制论》,清华大学出版社1989年版。

[138] 张晶:《高技术产业界定指标及方法分析》,载《中国科技论坛》,1997年第1期。

[139] 张军、罗长远、冯俊:《市场结构、成本差异与国有企业的民营化进程》,载《中国社会科学》,2003年第5期。

[140] 张米尔、邱国永:《从我国煤炭产业看产业组织低效率问题》,载《经济理论与经济管理》,2002年第1期。

[141] 张其仔:《国有企业的逆向退出和退出定价》,载《中国工业经济》,2003年第12期。

[142] 张向先、白凯、葛宝山:《高技术产业开发区评价方法研究》,载《科学学研究》,1997年第3期。

[143] 张彦、林德宏:《系统自组织概论》,南京大学出版社1990年版。

[144] 赵玉林、汪芳:《高新技术开发区评价指标体系的构建与应用》,载《科技进步与对策》,2000年第6期。

[145] 赵玉林:《高技术产业化的界面管理原理》,载《武汉理工大学学报》,2004年第3期。

[146] 郑美群、蔡莉、周明霞:《高技术企业绩效评价指标体系的构建研究》,载《科学学与科学技术管理》,2004年第7期。

[147] 中国经济体制改革研究所赴日本考察团:《日本模式的启示》,四川人民出版社1988年版。

[148] 中国社会科学院工业经济研究所课题组:《中国产业组织若干问题研究的新进展》,载《中国工业经济》,2004年第4期。

[149] 周兵、陈兴述等:《高新技术企业财务运作的经济学研究》,重庆出版社2003年版。

[150] 周天欢:《产业生产率与国际竞争优势的理论探讨与实证分析》,对外经济贸易大学博士学位论文,2003年。

[151] 周振华:《产业融合:产业发展及经济增长的新动力》,载《中国工业经济》,2003年第4期。

[152] 朱稼兴:《高技术产业化及其制约因素分析》,载《高科技

与产业化》，1996 年第 5 期。

[153] 朱武详、陈寒梅、吴迅：《产品市场竞争与财务保守行为 -以燕京啤酒为例的分析》，载《经济研究》，2002 年第 8 期。

[154] 朱永达等：《部门经济运行机制的理论模型和实证分析——自组织理论的应用》，载《农业工程学报》，1993 年第 3 期。

[155] 朱勇、吴易风：《技术进步与经济的内生增长——新增长理论发展述评》，载《中国社会科学》，1999 年第 1 期。

[156] 邹小平、覃广华：《产业组织与技术进步》，载《数量经济技术经济研究》，1990 年第 3 期。

[157] Aigner, D. J., C. A. K. Lovell and P. Schmidt, "Formulation and Estimation of Stochastic Frontier Production Models", Journal of Econometrics, 1977, 6: 21 –37.

[158] Amato, Louis H. and Christie H. Amato, "The Effects of Global Competition on Total Factor Productivity in U. S. Manufacturing", Review of Industrial Organization, 2001, 19: 407 –423.

[159] Bain, J. S., "Relation of Profit Rate to Industry Concentration: American Manufacturing, 1936 –40", Q. J. Econ., 1951, 65 (3): 295 –296.

[160] Bain, Joe S., "Industrial Organization", New York: John Wiley & Sons, Inc., 1959.

[161] Battese, G. E. and Coelli, T. J., "Frontier Production Functions, Technical Efficiency and Panel Data: With Application to Paddy Farmers in India", Journal of Productivity Analysis, 1992, 3: 153 –169.

[162] Battese, George E. and G. S. Corra, "Estimation of a Production Frontier Model: With Application to the Pastoral Zone of Eastern Australia", Australian Journal of Agricultural Economics, 1977, 21 (3): 169 –179.

[163] Bucci, Alberto, "R&D, Imperfect Competition and Growth with Human Capital Accumulation", Scottish Journal of Political Economy, 2003, 50 (4).

[164] Chirwa, Ephraim W., "Industry and Firm Effects of Privatiza-

tion in Malawian Oligopolistic Manufacturing", Working Paper No. WC/02/01, Zomba (Malawi): University of Malawi, 2001.

[165] Choi, Byung – Rok, "High-technology Development in Regional Economic Growth: Policy Implications of Dynamic Externalities", Burlington (USA): Ashgate Publishing Company, 2003.

[166] Church, Jeffrey and Roger Ware, "Industrial Organization—A Strategic Approach", McGraw – Hill Companies, Inc., 2000.

[167] Coelli, Tim, "A Guide to FRONTIER Version 4. 1: A Computer Program for Stochastic Frontier Production and Cost Function Estimation", CEPA Working Paper 96/07, Armidale (Australia): University of New England, 1996.

[168] Congressional Budget Office, "R&D and Productivity Growth: A Background Paper", Washington, D. C., The Congress of the United States, 2005.

[169] Demsetz, Harold, "Industry Structure, Market Rivalry, and Public Policy", Journal of Law and Economics, 1973, 16 (1): 1 – 9.

[170] Dhawan, Rajeev and Geoffrey Gerdes, "Estimating Technological Change Using a Stochastic Frontier Production Function Framework: Evidence from U. S. Firm – Level Data", Journal of Productivity Analysis, 1997, 8: 431 – 446.

[171] Diewert, Erwin, "The Challenge of Total Factor Productivity Measurement", International Productivity Monitor, 2000, 1: 45 – 52.

[172] Diewert, W. Erwin, "Productivity Perspective in Australia: Conclusions and Future Directions", Department of Economics Discussion Paper No. 05 – 05, Vancouver (Canada): University of British Columbia, 2005.

[173] Disney, Richard, Jonathan Haskel and Ylva Heden, "Restructuring and Productivity Growth in UK Manufacturing", The Economic Journal, 2003, 113: 666 – 694.

[174] Dougherty, Sean M. and Robert H. McGuckin, "The Effects of Federalism and Privatization on Productivity in Chinese Firms", Economics

Program Working Paper Series EPWP #01 – 02, The Conference Board, 2002.

[175] Farrell, M. J. , "The measurement of productive efficiency", Journal of the Royal Statistical Society A, 1957, 120: 253 – 281.

[176] Førsund Finn R. and Nikias Sarafoglou, "On The Origins of Data Envelopment Analysis", Memorandum No 24/2000, ISSN 0801 – 1117, Oslo (Norway): University of Oslo, 2000.

[177] Garbacz, Christopher and Herbert G. Thompson, Jr. , "Economic Freedom, Telecommunications and Productivity: East and West [A]. Unali, Lina. Asia and the West, the Body the Gods", Roma: Sun Moon Lake Publishers, 2003.

[178] Gounder, Rukmani and Vilaphonh Xayavong, "A Decomposition of Total Factor Productivity Growth in New Zealand's Manufacturing Industries: A Stochastic Frontier Approach", Presented at the New Zealand Association of Economist Conference, Wellington, 2004.

[179] Griffin, Paul M. and Paul H. Kvam, "A Quantile – Based Approach for Relative Efficiency Measurement ", Managerial and Decision Economics, 1999, 20: 403 – 410.

[180] Griffith, Rachel, Stephen Redding and John Van Reenen, "R&D and Productivity [A]. Mooslechner, Peter, Ernest Gnan. Current Issues of Economic Growth, Proceedings of OeNB Workshops", Vienna: Oesterreichische Nationalbank, 2004.

[181] Griffiths, William E. and Christopher J. O'Donnell, "Estimating Variable Returns to Scale Production Frontiers with Alternative Stochastic Assumptions", Journal of Econometrics, 2005, 126: 385 – 409.

[182] Hicks, J. R. , "The theory of wages", London: MacMillan, 1932.

[183] Holmström, Bengt, "Managerial Incentive Problems: A Dynamic Perspective", Review of Economic Studies, 1999, 66 (1): 169 – 182.

[184] Jewkes J. , Saweres D. , Stillerman R. , "The Source of Invention", London and New York: MacMillan, 1958.

[185] Jorgenson, Dale W. and Kevin J. Stiroh, "Raising the Speed Limit: US Economic Growth in the Information Age", Economics Department Working Papers No. 261, Paris: OECD, 2000.

[186] Kendrick, J. W. , "Postwar Productivity Trends in the United States 1948 – 1969", New York: Columbia University Press, 1973.

[187] Kendrick, J. W. , "Productivity Trends in the United States", Princeton: Princeton University Press, 1961.

[188] Kim, Seok – Hyeon, "Impacts of Information Technology on Productivity and Linkage of the US Economy [PhD dissertation]", Indiana (USA): University of Notre Dame, 2004.

[189] Klette, Tor Jakob, "Market Power, Scale Economies and Productivity: Estimation from a Panel of Establishment Data", The Journal of Industrial Economics, 1999, 47 (4): 451 –476.

[190] London Economics, "Efficiency and benchmarking study of the NSW distribution businesses", Research Paper No. 13, Sydney: Independent Pricing and Regulatory Tribunal of New South Wales, 1999.

[191] Machlup, F. , "Equilibrium and Disequilibrium: Misplaced Concreteness and Disguised Pololocs", Economic Journal, 1958, 68: 1 –24.

[192] Mahadevan, Renuka, "New Currents in Productivity Analysis: Where To Now", Tokyo (Japan): Asian Productivity Organization, 2003.

[193] "Manufacturing Firms", United Nations Conference on Trade and Development, Geneva, 2004.

[194] Marín, Pedro L. , "Productivity Differences in the Airline Industry: Partial Deregulation Versus Short Run Protection", International Journal of Industrial Organization, 1998, 16: 395 –414.

[195] Martins, Joaquim Oliveira, Stefano Scarpetta and Dirk Pilat, "Mark-up Ratios in Manufacturing Industries: Estimates for 14 OECD Countries", Economics Department Working Papers No. 162, Paris: OECD, 1996.

[196] Mawson, Peter, Kenneth I Carlaw and Nathan McLellan, "Productivity Measurement: Alternative Approaches and Estimates", Work-

ing Paper 03/12, Wellington: New Zealand Treasury, 2003.

[197] Meeusen, W. and J. van den Broeck, "Efficiency Estimation from Cobb – Douglas Production Functions with Composed Error", International Economic Review, 1977, 18 (2): 434 – 444.

[198] Meister, Christoph and Bart Verspagen, "European Productivity Gaps: Is R&D the Solution [A]? Mooslechner, Peter and Ernest Gnan. Current Issues of Economic Growth, Proceedings of OeNB Workshops", Vienna: Oesterreichische Nationalbank, 2004.

[199] Needham, Douglas, "Entry Barriers and Non – Price Aspects of Firms' Behavior", Journal of Industrial Economics, 1976, 25 (1): 29 – 43.

[200] Nelson, R. R. , "Research on Productivity Growth and Productivity Differences: Dead Ends and News Departures", Journal of Economic literature, 1981, 19: 1029 – 1064.

[201] Nickell, Stephen J. , "Competition and Corporate Performance", Journal of Political Economy, 1996, 104 (4): 724 – 746.

[202] Nordfors, David, "The Role of Journalism in Innovation Systems", Innovation Journalism, 2004, 1 (7, 8).

[203] OECD, "Measuring Productivity: Measurement of Aggregate and Industry – Level Productivity Growth", OECD Manual, Paris: OECD, 2001.

[204] Oulton, Nicholas and Sylaja Srinivasan, "Productivity Growth and the Role of ICT in the United Kingdom: An Industry View, 1970 – 2000", Centre for Economic Performance Discussion Paper No 681, London School of Economics and Political Science, 2005.

[205] Oyeranti, Gboyega A. , "Concept and Measurement of Productivity", CBN Economic and Financial Review, 2000, 9TH ACZRU PAPER 1.

[206] Poltavets, Ivan, "Productivity Differential and Competition: Can an Old Dog Be Taught New Tricks", Working Paper Series No 03/09, ISSN 1561 – 2422, Moscow: Economics Education and Research Consorti-

um, 2005.

[207] Rogers, Mark, "The Definition and Measurement of Productivity", Melbourne Institute Working Paper No. 9/98, ISSN 1328 – 4991, Victoria (Australia): The University of Melbourne, 1998.

[208] Rungsuriyawiboon, Supawat, "Dynamic Efficiency Model: an Analysis of Efficiency and Deregulation in the U. S. Electricity Industry [PhD dissertation]", University Park (USA): The Pennsylvania State University, 2003.

[209] Scarpetta, Stefano and Thierry Tressel, "Productivity and Convergence in a Panel of OECD Industries: Do Regulations and Institutions Matter", Economics Department Working Papers No. 342, Paris: OECD, 2002.

[210] Scherer, F. M. , "Industrial Market Structure and Economic Performance", Second Edition, Rand MCNally, 1980.

[211] Schreyer, Paul and Dirk Pilat, "Measuring Productivity", Economic Studies No. 33, Paris: OECD 2001.

[212] Schumpeter, J. , "Capitalism, Socialism and Democracy", London: Allen & Unwin, 1942.

[213] Shrieves, R. E. , "Market Structure and Innovation: A New Perspective", Journal of Industrial Economics, 1978, 26: 329 – 347.

[214] Solow, R. M. , "Technical Change and the Aggregate Production Function", Review of Economics and Statistics, 1957, 39: 312 – 320.

[215] Street, Andrew, "How Much Confidence Should We Place in Efficiency Estimates", Health Economics, 2003, 12: 895 – 907.

[216] Sumanth, David J. , "Productivity Engineering and Management", Mcgraw – Hillbook Company, 1985.

[217] Tangen, Stefan, "Demystifying Productivity and Performance", International Journal of Productivity and Performance Management, 2005, 54 (1): 34 – 46.

[218] van Ark, Bart and Marcel Timmer, "Measuring Productivity Levels – A Reader", Working Party on Statistics, Paris: OECD 2002.

[219] Verdoorn, P. J. , "Factors that Determine the Growth of Labour Productivity", McCombie, John, Maurizio Pugno and Bruno Soro, "Productivity Growth and Economic Performance: Essays on Verdoorn's Law", New York: Palgrave Macmillan, 2002.

[220] Wang, Ling and Adam Szirmai, "Technological Inputs and Productivity Growth in China's High – Tech Industries", Eindhoven Centre for Innovation Studies Working Paper No. 03. 27, Eindhoven University of Technology, 2003.

[221] Yun, Mikyung, "Competition and Productivity Growth: Evidence from Korean Manufacturing Firms", P. Brusick, et al. , "Competition, Competitiveness and Development: Lessons from Developing Countries", UNCTAD/DITC/CLP/2004/1. New York and Geneva: United Nations, 2004.

[222] Zeleny, M. , "High Technology Management", Human Systems Management, 1986, 6 (2): 109 – 120.

[223] Zielinska – Glebocka, Anna, "Adaptability of Polish Manufacturing in the Face of EU Accession", South – Eastern Europe Journal of Economics, 2005 (1): 97 – 120.